돈의 뇌과학

부자의 나침반

5

뇌과학과 심리학으로 부를 끌어당기는 6가지 비밀

돈의 뇌과학

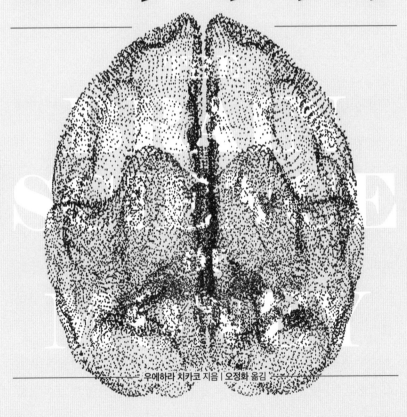

우에하라 치카코 지음 | 오정화 옮김

동양북스

아직도 뇌과학을 모른 채
돈 공부만 하는가

'돈을 얼마나 모아야 여유롭게 노후를 즐길 수 있을까?'

'돈만 생각하면 불안해.'

'돈 공부를 하고 싶은데 뭐부터 시작해야 할지 모르겠어.'

사람은 누구나 돈 걱정 없는 삶을 꿈꾼다. 그래서 돈을 모을 수 있는 여러 방법을 찾아보고, 투자에 성공한 사람의 이야기도 끊임없이 듣는다. 하지만 모순되게도 그럴수록 마음속엔 불안이 더 강하게 자리 잡는다.

나는 지금까지 수많은 사람에게 금융 교육을 해왔다. 처음에는 일회성으로 '자산 운용을 시작하는 법'을 가르쳤다. 그런데 똑같은 강의를 해도 결과는 제각각이었다.

- 배운 대로 실천하는 사람
- 두렵다며 행동하지 않는 사람
- 의욕이 지나쳐 고위험 상품에 투자하려는 사람

뇌과학과 심리학으로 돈 문제의 뿌리를 해결하는 진짜 돈 공부, 파이낸셜 테라피

어떻게 하면 수강생이 올바른 지식을 얻고 필요한 자산을 모아 돈 걱정을 안 할 수 있을까?

나는 그 답을 얻고자 금융 실무 및 개인 투자 경험, 뇌과학과 심리학 지식을 총동원했다. 뇌과학이 낯선 사람이 있을지도 모른다. 뇌과학은 간단히 말하면 뇌가 어떻게 작동하는지 과학적으로 설명하는 학문이다. 뇌가 정보를 어떻게 처리하는지, 뉴런이 어떻게 상호작용을 하는지, 의식과 무의식은 무엇인지 등 뇌의 복잡한 기능과 구조를 해석해 인간을 이해한다.

심리학은 한마디로 정의하면 인간 및 동물의 행동과 마음을 과학적으로 연구하는 학문이다. 실생활에서 매우 유용하게 활용되는 학문 중 하나다. 요즘에는 범죄심리학자가 범죄자들의 심리를 분석하는 TV 프로그램도 있고, 소비자의 심리를 알려주는 마케팅 책이나 콘텐츠도 심심찮게 볼 수 있다.

그래서 나는 심리학과 뇌과학에서 분명히 돈 걱정을 끝낼 답을 찾을 수 있으리라고 생각했다. 그리고 마침내 4년간의 시행착오 끝에 확실한 길을 찾았다. 힌트는 '파이낸셜 테라피'에 있었다.

'파이낸셜 테라피(Financial Therapy)'는 돈과 관련된 문제를 심리적인 측면에서 해결하는 방법을 말한다. 즉, 재무 상담과 심리 상담을 받으며 돈 때문에 느끼는 불안과 두려움을 없애고, 돈을 모으는 획기적인 방법이다.

흔히 돈 문제는 부족한 지식이나 잘못된 판단 때문에 생긴다고 생각한다. 그러나 과소비나 지나친 절약, 돈을 못 모으는 습관 등 돈 문제를 만드는 진짜 원인은 마음속에 있다.

예를 들어, 어릴 때 부모님이 서로 경제관념이 달라서 이혼했다면 '돈이 있으면 불행해진다'라는 그릇된 가치관이 생겼을 수도 있다. 이 경우에는 재무설계사에게 상담을 받아도 돈을 모으기 어렵다. 돈을 두려워하는 마음과 그로 인한 행동은 사라지지 않기 때문이다.

뇌에 박힌 잘못된 생각을 바로잡아야 근본적인 문제를 해결할 수 있다. 그래서 돈 문제를 해결하려면 심리학과 뇌과학을 활용해야 한다.

나는 이 사실을 깨닫자마자 '6개월 금융 실무 강의'로 강의 방향을 바꿨다. 그러자 모든 수강생이 강의 시간에 하는 실습만으로도 각자 본인의 가치관에 맞게 자산을 모을 수 있었다. 그저 방향만 바꿨을 뿐인데 모든 수강생이 좋은 결과를 얻을 수 있다니 매우 놀라웠다. 파이낸셜 테라피가 돈을 모으게 만드는 진짜 돈 공부였던 것이다!

돈이 있어도 걱정,
없어도 걱정

나는 은행원이었던 아버지에게 돈에 관해 배우며 자랐다. 그 덕분에 어렸을 적부터 돈과 경제에 관심이 많았고, 자연스레 금융기관에서 일하고 싶다는 꿈을 품었다.

하지만 금융 분야는 쉬운 길이 아니라는 가족들의 반대에 부딪혔다. 나는 가족들의 뜻을 존중해 국립대학을 졸업한 후 대기업 제조사 국제 부서에서 첫 사회생활을 시작했다.

그러나 금융기관에서 일하고 싶다는 마음은 계속 커져만 갔다. 결국 나는 영국계 석유 회사를 거쳐 유럽계 투자 은행으로 이직하였다. 그리고 그곳에서 처음으로 전문적인 트레이딩(주식이나 채권 등을 단기간에 사고팔아서 수익을 내는 일)을 접했다. 그 후 나는 17년간 금리·채권 거래의 리스크 관리와 고객 서비스를 담당하며 세계 최고 수준의 금융 지식을 쌓았다. 행복하고 보람찬 시간이었다.

그러나 26년 이상 꾸준히 자산을 운용하고 있는 나에게도 큰 고민이 있었다. 나는 다른 사람보다 돈 걱정을 많이 했다. 그동안 열심히 쌓은 금융 지식으로 아무리 대책을 세우고, 자산을 운용해도 불안감은 사라지지 않았다. 전문가라고 자부했던 나 역시 수강생들과 같은 고민을 하고 있던 것이다.

정말 뇌과학과 심리학이
돈을 모으게 해줄까?

내가 뇌과학과 심리학을 공부한 이유는 바로 그 불안감 때문이다. 나는 불안감을 해소하고 싶은 마음이 간절했다. 다행히 파이낸셜 테라피를 만나고 그 바람이 이루어졌다.

이 책에서 소개하는 독자적인 방법 '웰스 파이낸셜 테라피(Wealth Financial Therapy)'는 나의 실제 경험과 내 강의를 들은 수강생들의 사례, 그리고 파이낸셜 테라피의 개념을 바탕으로 고안한 것이다.

웰스 파이낸셜 테라피는 NLP(Neuro Linguistic Programming, 신경 언어 프로그래밍)에 바탕을 두고 있다. 용어가 어려워 덜컥 겁을 먹었다면 안심하길 바란다. 간단히 말하면 원하는 결과를 얻을 수 있도록, 뇌의 기능과 심리 구조를 활용하여 부정적인 행동이나 생각을 긍정적으로 바꾸는 과학적 접근법이다.

실제로 강의를 들은 많은 사람이 큰 변화를 경험했다. 수강생들의 솔직한 후기 덕분에 입소문이 나서 강의 신청자도 점점 늘어나고 있다.

- 자산을 늘릴 수 있다는 자신감이 생겼고 돈을 소중히 쓰게 되었다.
- 내 가치관과 인생 계획을 다시 살펴보게 되었다.
- 돈을 모으는 방법만 안다고 돈이 모이지는 않는다! 투자 공부만이 전부가 아니라는 사실을 깨달았다.

이 책은 '부자의 사고방식'이나 '자산 운용을 시작하는 법'처럼 개념을 중점적으로 다루는 흔한 책이 아니다. 자산 운용 방법에 뇌과학과 심리학을 접목한 그야말로 새로운 발상의 경제 실용서다.

돈 모으는 방법을 잘 모르는 입문자도, 관련 지식은 있지만 실천하지 못하는 사람도 파이낸셜 테라피를 배우고 직접 실천하면 돈을 대하는 올바른 가치관을 세울 수 있다. 더 나아가 목표로 한 자산을 모아서 꿈꾸는 미래도 실현할 수 있다.

물가는 나날이 치솟고 세계 경제는 여전히 불안하다. 그 속에서 사람들이 넘쳐나는 정보에 휘둘리지 않고, 자신에게 필요한 자산을 모으기 시작해 안정감을 얻길 바라는 마음으로 이 책을 집필했다.

우선은 자신이 돈을 어떻게 대하는지 가치관을 깨닫고, 이루고 싶은 인생 계획을 세워라. 그다음 돈을 모으기 시작한다면 삶이 달라질 것이다. 처음부터 차근차근 읽어나가며 꼭 실천해보기 바란다.

※ '웰스 파이낸셜 테라피®'는 주식회사 웰스 마인드 어프로치(Wealth Mind Approach Inc.)의 등록 상표다(등록 6680701).

차 례

프롤로그

아직도 뇌과학을 모른 채 돈 공부만 하는가 … 004

1장

돈을 모으려면 왜
뇌과학과 심리학을 알아야 할까?

뇌는 정말 돈을 모아야 한다고 생각할까? … 017

투자를 시작하려면 뇌도 준비가 필요하다고? … 025

심리학을 활용하면 돈 공부의 깊이가 달라진다 … 041

뇌과학과 함께 돈을 공부하자 마음도, 돈도 넉넉해졌다 … 049

2장

뇌과학과 심리학으로 돈을 모으는 확실한 방법, 파이낸셜 테라피

돈 문제를 해결할 열쇠는 심리학에 있다 ⋯ 059

파이낸셜 테라피로 돈만 모을 수 있을까? ⋯ 065

뇌과학에 기반을 둔 '웰스 파이낸셜 테라피' ⋯ 073

3장

돈을 모으는 뇌, 돈을 버리는 뇌

누구나 돈에 대한 부정적인 마음이 있을까? ⋯ 081

부자가 되는 가치관을 뇌가 만든다고? ⋯ 095

나이 들어서 뇌가 굳었다는 변명은 그만! ⋯ 107

돈과 내 사이를 갈라놓는 것 ⋯ 113

돈은 신념을 내려놓은 사람에게 간다 ⋯ 122

돈을 모으려면 꿈꾸는 미래에서 거꾸로 계산하라 ⋯ 128

4장

반드시 돈을 모으는 테라피 5가지

파이낸셜 테라피를 시작하기 전에 … 135

돈과의 관계에서 문제를 찾아라 … 137

돈을 대하는 가치관을 파악하라 … 142

뇌가 올바르게 판단하도록 가치관을 정리하라 … 147

가치관에 맞는 미래를 상상해 뇌를 즐겁게 하라 … 153

사례로 살펴보는 인생 계획 세우는 법 … 159

5장

모은 돈을 확실히 굴리는 비법 5가지

저축은 안전하고 투자는 위험하다? … 209

중요한 것은 '어떤 상품이 수익을 내는가?'가 아니다 … 212

리스크와 마주하는 전략 3가지 … 221

눈덩이처럼 불어나는 복리의 힘 … 230

투자 신탁을 선택할 때 꼭 알아야 할 것들 … 234

6장

원하는 만큼 돈을 모았다고 끝이 아니다

예상하지 못한 일은 언제든지 일어날 수 있다 … 243

돈이 불어나는 상태를 유지하라 … 250

마음을 풍요롭게 만드는 4가지 습관을 길러라 … 256

에필로그

실천하라. 무엇을 상상하든 그 이상의 미래가 기다리고 있다 … 262

THE
BRAIN
SCIENCE
OF
MONEY

1장

돈을 모으려면 왜 뇌과학과 심리학을 알아야 할까?

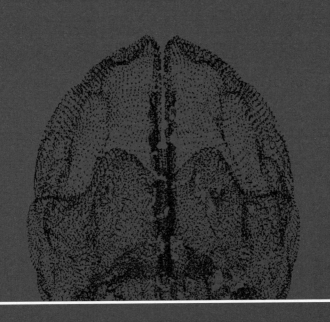

뇌는 정말 돈을
모아야 한다고 생각할까?

인생 100세 시대, 치솟는 물가, 불안한 정세 등……. 돈 걱정을 하게 만드는 뉴스가 넘쳐난다. 그래서 막연하게 돈에 대한 불안을 느끼는 사람이 많다. 이런 **불안감을 해소할 수 있는 해결책 중 하나는 바로 '돈을 모으는 것'**이다.

실제로 20~30대를 중심으로 투자를 시작하는 사람도 늘고 있다. 하지만 여전히 많은 사람이 돈을 모아야 한다는 사실을 알면서도 좀처럼 시작하지 못하고 있다. 그 이유는 무엇일까?

'이거 내 이야기 아니야?'라고 뜨끔했다면 안심해도 좋다. 세상에는 똑같은 고민을 하는 사람이 매우 많다. 실제로 나를 찾아오는 고객들이 주로 말하는 몇 가지 이유가 있다. 지금부터 돈을 모으지 못하는 구체적인 이유를 알아보자.

돈을 못 모으는 이유는
뇌에 있다

무의식적으로 '마음의 브레이크'가 걸리는 사람들은 돈을 모으기 어렵다. 놀랍게도 브레이크를 작동시키는 것이 바로 뇌다.

① 투자는 무섭다

'투자하는 게 너무 무서워서 한 발을 내딛기가 어렵다'라는 고민을 하는 사람들이 나를 많이 찾는다. 그중에는 구체적인 이유로 투자를 두려워하는 사람도 있다. 보통 가까운 가족 또는 지인이 투자에 실패하는 모습을 봤거나, 그 이야기를 들은 경우다.

- 아버지가 투자에 지나치게 몰입해서 노후 자금 대부분을 날렸다.
- 할아버지가 고위험 상품에 투자했다가 석유 파동으로 엄청난 손해를 보는 바람에 온 가족이 뿔뿔이 흩어질 뻔했다.

이야기를 들어보면 대부분 투자가 아니라 '투기'를 한 경우다. 단기 거래나 고위험 상품을 거래해서 돈을 잃기도 했다. 이처럼 가까운 사람이 삶의 기반을 잃을 만큼 큰 손실을 보면 트라우마로 남기 쉽다.

2006년 발표된 미국국립보건원 연구 결과에 따르면, 트라우마는 뇌에서 감정이나 기억을 처리하는 편도체, 해마, 전두엽 피질에 영향을 미친다고 한다. 그래서 세 영역이 비정상적으로 작동하게 되고, 충격적인 경험을 떠올리는 자극에 반응해 극도의 두려움과 공포를 느끼는 것이다. 투자에 얽힌 충격적인 경험도 마찬가지다. 그 경험에 뇌가 영향을 받아 두려움을 느끼면 투자를 멀리할 수밖에 없다.

간혹 돈 자체를 무서워하는 사람도 있다. 그 이유를 들여다보면 공포를 느끼는 게 당연해 보인다. 이런 사람들은 투자도 망설이는 경향이 있다. 만약 투자를 시작한다고 하더라도 괴로워하거나 소액으로만 투자하는 등 소극적인 태도를 보이기 쉽다.

또 부모에게 "투자는 위험하니까 하면 안 된다"라는 말을 듣고 자란 경우에도 투자를 무서워한다. 주변 사람에게 투자 실패담을 들은 부모가 '투자 절대 금지'를 가훈으로 정하거나, '투자는 도박'이라는 선입견을 자녀에게 전하기도 한다. 그러면 뇌는 투자를 부정적으로 인식하게 된다.

구체적인 이유 없이 투자를 무서워하는 사람도 있다. 그런 사람들은 단순히 성격이 신중해서가 아니라, 과거의 어떤 사건 때문에 돈을 두려워하게 됐을지도 모른다. 그때의 충격이 강하면 강할수록 투자를 무서워하는 마음이 무의식에 크게 자리 잡는다.

② 나는 돈과 인연이 없다

'나는 돈과 인연이 없다'라고 생각하는 사람도 많다. 그중에는 '투자는 부자들이 하는 것'이라고 선을 긋는 사람도 있다. 경제적으로 어려운 환경에서 자란 사람일수록 그런 경향이 더욱 강하게 나타난다. 지금은 금융 교육가로 일하고 있는 나도 한때 이런 생각을 한 적이 있었다.

나는 지방의 중산층 가정에서 태어나, 검소했던 아버지와 전업주부인 어머니 아래에서 오빠와 함께 큰 어려움 없이 자랐다. 우리 가족은 은행원인 아버지 덕에 은행 예금을 주제로 자주 대화하곤 했다. 금리가 높을 때는 은행에 돈을 맡기면 이자로 자산을 늘릴 수 있다거나, 금리우대제도가 있다는 사실도 아버지한테 배웠다.

초등학교 3학년 때는 "오빠랑 둘이 은행에 가서 세뱃돈 저축하고와"라는 아버지의 말을 듣고 은행 계좌를 만들었다. 적은 용돈을 알뜰살뜰하게 모아서 가족들의 선물을 사기도 했다. 이렇게 아버지의 검소한 사고방식을 물려받은 덕분에, 나는 자연스럽게 돈을 모으는 데 관심이 생겼다.

이때까지는 돈과 건강한 관계를 유지하고 있었다.

그러나 대학에 입학하자마자 아버지가 병으로 갑작스럽게 세상을 떠났고, 나는 대학을 그만두어야 하는 위기에 처했다. 대학에 다니는 4년 내내 경제적으로 어려웠다. 상황은 나아질 기미조차 보이지 않았다. 주변에는 부유한 가정의 동기가 많았고, 나는 '돈 없는 집 아이'라고 낙인찍혀 비참한 대학 시절을 보냈다. 그래서 '앞으로도 나는 돈과 인연이 없을지도 모른다'라고 생각했다.

하지만 지금 생각해보면 모두가 불쌍하게 볼 정도로 궁핍한 생활을 하지는 않았다. 소박하지만 매일 세 끼를 챙겨 먹었고, 전기와 수도가 끊긴 적도 없다. 다만 경제적으로 여유가 없어지고, 부유한 동기가 나를 '갑자기 아버지가 돌아가셔서 가난해진 불쌍한 사람'으로 생각하자 '나는 돈과 인연이 없다'라는 그릇된 신념이 생겼다.

트라우마만큼은 아니더라도, 뇌에 깊이 박힌 그릇된 신념 또한 합리적으로 행동하지 못하게 만든다. 따라서 자신이 돈과 인연이 없다는 생각에 사로잡힌 사람은 우선 그렇게 생각하는 이유를 찾아야 한다. 그렇게 해야 평정심을 가지고 돈과 마주할 수 있다. 나아가 자산을 늘리는 첫걸음을 내딛게 될 것이다.

③ 하지 않는 이유를 계속 찾는다

수강생 중에는 배운 내용을 곧바로 실천하는 사람도 많지만, 아쉽게도 모두가 그렇지는 않다. 그중에는 전혀 실천하지 않는 사람도 있다.

2년 동안 내 강의에 3번이나 참석한 40대 여성이 있었다. 그녀는 매우 성실했고 정보력도 뛰어나서, 투자를 시작하는 방법과 금융에 관한 정보를 열심히 수집하는 사람이었다. 이야기도 진지하게 듣고, 메모하면서 질문하던 모습이 인상적으로 남아 있었다. 그녀는 마지막에 눈을 반짝이면서 "적립식 비과세 투자해볼게요!"라는 말을 남기고 돌아갔다.

그런데 2년 후 강의에 다시 나타난 그녀는 "아직도 시작하지 않았어요"라고 말했다. 그 이유를 자세히 묻자, 정보를 모으던 와중에 친구에게 "재무설계사 자격증을 취득하는 게 제일 좋다"라는 말을 들었다고 답했다.

그래서 새로운 고민이 생겼고, 여러 강의를 듣기보다 재무설계사 자격증을 따는 게 좋은지 물어보려고 온 것이었다. 왜 그렇게 생각하냐는 질문에 그녀는 이렇게 대답했다.

"친구 A는 재무설계사 자격증을 따는 게 가장 빠른 길이라고 하고, 금융기관에 다니는 B는 적립식 비과세 투자보다 개인형 퇴직연금이 낫다고 말해요. 이런 말을 들으니까 뭐가 좋은지 모르겠더라고요. 어떤 걸 하면 좋을까요?"

나는 이렇게 말해주었다.

"정답은 사람마다 달라요. 다른 사람의 말에 휩쓸리지 않고 스스로 판단하는 것이 중요합니다. 제 강의에서는 그런 판단 기준을 중립적으로 전하고 있어요."

이 말을 들은 그녀는 "알겠습니다. 더 조사하고 생각해볼게요"라고 말하고는 다시 정보를 찾으러 떠났다.

이처럼 실천하지 않는 사람은 "친구가 다른 걸 하라고 했으니까"라고 말하면서 자신이 행동할 수 없는 원인이 외부에 있다고 생각한다. 그러나 투자뿐만 아니라 무슨 일에서든 끝내 행동하지 않는다면, 진짜 원인은 무의식에 있는 것이다.

행동할 수 없는 이유를 자기가 아닌 다른 데서 찾는 사람일수록, 뇌가 무언가의 영향을 받고 있다고 할 수 있다. 어쩌면 누구에게도 말하고 싶지 않은 돈 문제가 있었을지도 모르고, 자기 판단을 믿지 못하게 만든 사건을 겪었을 수도 있다. 또는 자신을 지키기 위해 '투사'라는 방어기제를 작동시켰을지도 모른다.

사람은 힘든 상황에 놓였을 때 무의식적으로 자신을 보호하려는 행동을 한다. 정신분석학의 창시자 지그문트 프로이트(Sigmund Freud)는 그 행동을 '방어기제'라고 불렀다. 그중 투사는 '다른 사람이나 주변 환경 때문에 이런 상황에 놓였다'라고 생각하는 방어기제다. 이외에도 퇴행, 부정, 신체화, 억제, 유머, 승화 등 여러 방어기제가 있다.

사람은 누구나 외부 요인에 마음이 흔들린다. 쉽게 판단을 못 내리기도 하고, 우울해하기도 한다. 또 '바쁘다', '누구에게 상담해야 할지 모르겠다' 같은 이유로 돈 모으는 방법을 배우고도 실천하지 못하는 사람도 많다. 그러나 그런 자기를 '쓸모없는 사람'이라고 비하하지 않기를 바란다.

　행동할 수 없는 진짜 원인은 마음속 깊이 숨어서 '행동하지 않는다는 행동'을 하게 만들 뿐이다. 이 사실을 깨닫고 마음의 짐을 내려놓자. 이와 관련하여 자세한 내용은 3장에서 계속 설명하겠다. 이렇듯 이 책은 돈을 못 모으게 하는 행동을 뇌과학과 심리학으로 고치고, 돈에 대한 불안감을 해소할 수 있도록 도울 것이다.

FINANCIAL THERAPY

> 돈 모으는 방법을 알고도 행동하지 않는 진짜 이유는 뇌에 있다. 행동하지 않는 자신을 다그치지 말고, 행동할 수 없는 이유를 상냥하게 물어보자.

투자를 시작하려면
뇌도 준비가 필요하다고?

가장 큰 리스크는
투자를 모르는 뇌

투자에서 가장 큰 리스크가 무엇이라고 생각하는가? 손해를 볼지도 모른다는 가능성? 아니면 예측할 수 없다는 점? 둘 다 정답이지만, **가장 큰 리스크는 '투자를 모르는 뇌'**다.

대표적으로 위험한 사례 세 가지를 보자.

① '나는 투자를 몰라도 괜찮아'라는 생각

투자에 선입견이 있어서 '나는 투자나 경제를 몰라도 된다'라고 생각하는 태도가 가장 위험하다. 그중에는 돈에 전혀 관심이 없는 사람도 있다. 그런 사람들은 투자 정보도 수집하지 않고, 전문가와 상담하지도 않을 것이다.

예를 들어, 인플레이션율이 3%일 때 자산 운용을 3% 이상 하지 않으면 자산의 가치는 하락한다. 그런데 이 사실을 모른 채 긴 시간 동안 저축만 한다면 어떻게 될까? 아마 물가는 점점 오르는데 쓸 수 있는 돈은 해마다 줄어드는 현실과 마주하게 될 것이다. 따라서 자산 운용을 어떻게 할지 당장 대책을 세워야 한다.

물론 돈만 있으면 행복해진다고 단언할 수는 없다. 실제로 프린스턴 대학교 심리학과의 대니얼 카너먼과 경제학과 앵거스 디턴은 '일정 소득 수준을 넘으면 돈과 행복도는 비례하지 않는다'라는 조사 결과를 밝히기도 했다.

그러나 모든 사람은 살기 위해 돈이 필요하다. 그러니 뇌에 자리 잡은 선입견과 그릇된 신념을 버리고 돈과 진지하게 마주하라.

② 정보를 있는 그대로 받아들이는 태도

예전에 20대 여성과 사적인 자리에서 대화한 적이 있었다.

그녀는 "적립식 비과세 투자는 무조건 이득이니까 빨리 시작하는 게 좋다고 친구에게 권유받았어요"라고 말하면서 이야기를 시작했다. 그녀의 말을 듣고 나는 살짝 걱정됐다.

그래서 "적립식 비과세 투자는 입문자가 시작하기 좋아요. 그 친구는 어떤 기준으로 금융 상품을 선택하나요?"라고 물었더니 충격적인 대답이 돌아왔다.

"SNS에서 찾아보고 추천 종목을 산다고 해요. 저도 똑같이 하려고요!"

그 말에 너무 놀란 나머지 나는 상담받으러 온 사람을 대하듯 "SNS에 떠도는 정보를 그대로 믿고 투자하다니, 너무 위험해요! 제대로 공부하고 시작하세요. 투자는 분산하는 것이 중요합니다"라고 말했다.

사실 이런 사례는 놀라울 정도로 많다. 특히 SNS에서 주로 정보를 얻는 20~30대에서 쉽게 볼 수 있다.

돈 모으기에 관한 정보는 최근 부쩍 많아졌다. 일본에서는 '노후 자금 2억 원 문제'가 떠오른 2019년부터 눈에 띄게 늘었다. 일본 금융청이 '은퇴한 부부가 30년을 더 살려면 약 2억 원이 필요하다'라는 내용을 발표해 온 국민이 걱정에 휩싸였기 때문이다.

2020년 전후로 청년들 사이에서 경제적 자립과 조기 은퇴를 목표로 하는 '파이어족' 열풍이 불기도 했다. 게다가 코로나바이러스로 경제가 불안해지자 '어떤 투자 종목이 좋은가?' 같은 금융 정보가 다양한 매체, 특히 SNS에서 퍼졌다.

SNS를 들여다보면 마치 친구에게 맛집을 추천받듯이, 눈앞의 투자 정보에 무작정 달려드는 사람이 많다는 느낌을 받는다. 인플루언서가 말하는 대로 투자를 시작하는 사람도 있다.

하지만 이는 뇌가 이기적 편향을 보일 수 있어서 위험하다. 이기적 편향은 일이 잘된 이유는 자신 덕분이고, 잘못된 이유는 외부 상황이나 다른 사람 때문이라고 생각하는 경향을 말한다. 무작정 SNS에서 본 상품에 투자하고 나서 손해를 보면, 뇌는 자존심을 지키기 위해 이기적 편향을 보일 수 있다.

자신에게 맞는 금융 상품과 자산 배분은 사람마다 다르다. 따라서 '어떤 종목이 좋은가?'가 아니라, '이 종목이 왜 좋은가?'를 스스로 판단하는 것이 가장 중요하다. 그 상품에 투자하면 어떤 리스크가 있고 이익을 얼마나 얻을 수 있는지, 스스로 파악할 수 있어야 한다.

다른 사람이 말하는 대로 투자하면 편하다. 하지만 나만의 답을 찾을 소중한 기회가 사라진다. 무엇보다 다른 사람이 추천한 상품에 투자해서 손해를 보더라도, 책임은 나에게 있다는 사실을 명심하라. 그 상품에 투자하기로 결정한 사람은 다른 누구도 아닌 자기 자신이다.

③ '이미 알고 있다'라는 생각

이번에는 30대 여성을 개인 상담했을 때의 이야기다.

그녀는 2020년부터 적립식 투자를 시작했고, 자산 운용의 기초는 알고 있었다. 운용 성적도 좋았다. 그녀는 "이제 개별 주식으로 단기 거래를 하고 싶은데, 어떻게 하면 좋을지 모르겠다"라며 이야기했다.

고민을 들은 나는 그녀에게 어떤 상품에 투자하고 있냐고 물었다. 그녀는 "미국이요"라고 짧게 답했고, 나는 구체적으로 무엇에 투자했는지 물었다.

"일반적인 상품이에요. 상품 이름에 'S'가 들어갔는데……."

나는 그녀에게 "내가 무엇에 투자하는지 다른 사람에게 정확히 설명할 수 있어야 해요. 그리고 제 강의에서는 단기 매매를 가르치지 않아요"라고 말했다.

그때는 우연히 자신감이 지나치게 넘치는 사람이 상담하러 왔다고 생각했다. 그러나 일본금융홍보중앙위원회가 발표한 '2022 금융 이해력 조사' 결과를 보고, 우연이 아니라는 사실을 깨달았다.

'금융 이해력'이란 건전한 금융 결정을 하는 데 필요한 지식과 태도를 이해하는 힘을 말한다. 다시 말해, 금융 용어와 개념을 정확히 이해

금융 이해력 지도의 분야별 정답률(총 25문항)

(%)

금융 이해력 지도의 분야		정답률(이전 조사 정답률)
가계 관리		50.7(52.3)
생활 설계		49.0(50.8)
금융 지식	금융 거래의 기본	73.3(74.0)
	금융 · 경제의 기초	49.3(49.8)
	보험	53.4(54.4)
	대출 및 신용 거래	52.5(54.4)
	자산 형성	54.7(54.8)
외부의 지식 및 의견 활용		64.8(65.6)
합계		55.7(56.6)

금융 이해력 OX 문제 정답률(연령별)

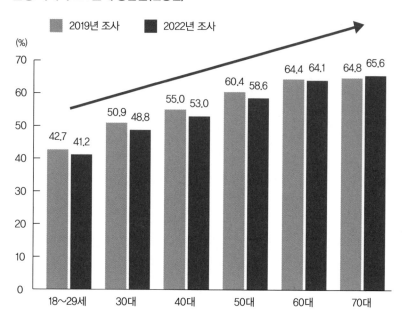

객관적 평가와 자기 평가 비교(연령별)

(%)

연령	객관적 평가(A)	자기 평가(B)	차이(A – B)
18~29세	74.0	92.5	▲18.5
30대	87.7	94.2	▲6.5
40대	95.2	93.5	1.7
50대	105.2	97.7	7.5
60대	115.2	108.0	7.2
70대	117.8	112.6	5.2

※ 객관적 평가는 'OX 문제 정답률'을 기준으로, 자기 평가는 '금융 지식에 대한 자기 평가'를 기준으로 해서 각각 전체 평균을 100으로 하여 나타낸 수치다. 차이가 마이너스(▲)인 경우는 자기 평가가 객관적 평가보다 높다는 뜻이다.

하고, 시장의 경향을 파악해 자신의 재무 상태를 평가할 수 있는 능력을 뜻한다.

제시된 세 자료를 종합해보면 몇 가지 사실을 알 수 있다. 먼저 금융 이해력 OX 문제의 정답률은 전체적으로 평균 50%를 조금 넘는다. 이 수치는 2019년의 조사 결과와 크게 다르지 않다. 눈에 띄는 점은 30세 미만 청년층의 정답률과 바람직한 금융 행동을 하는 사람의 비율이 낮다는 사실이다.

또한, 청년층은 금융 지식에 관한 자기 평가가 객관적 평가를 크게 넘어서고 있다. 이 수치는 청년층이 지나치게 자신감이 넘치는 경향이 있다는 사실을 보여준다.

코로나바이러스가 유행할 때 투자를 시작한 사람은 주가가 폭락한 경험이 적다. 그래서 투자를 만만하게 생각할 수도 있다. 언뜻 보면 투자에 자신감이 넘치는 사람 같지만, 사실은 투자의 진정한 위험성을 모르는 것이다.

이런 사람들은 갑자기 주가가 폭락하면 보유한 주식을 마구잡이로 팔아버리는 '공황 매도'를 하는 경향이 있다. 갑작스러운 상황에 뇌가 어찌할 바를 모르기 때문이다. 그런 사태를 막기 위해서라도, 투자할 때는 뇌도 준비가 필요하다. 지금부터 뇌가 투자할 준비를 할 수 있도록 투자 리스크를 하나씩 알아보자.

뇌가 꼭 알아야 할
투자 리스크 3가지

투자를 시작하려면 먼저 금융에서 말하는 '리스크'가 무엇인지 이해해야 한다. 리스크는 뇌가 합리적인 판단을 내리는 데 중요한 요소이기 때문이다.

'리스크'라는 단어에서 위험이나 손실을 떠올릴 수도 있다. 그러나 **금융에서 리스크란 '미래를 예측할 수 없고, 불확실한 것'**을 의미한다. 금융 리스크에는 여러 분류 방법이 있는데, 여기에서는 반드시 알아야 할 세 가지 리스크를 구체적인 사례와 함께 소개하겠다.

① 시장 리스크

"시세가 상승하는 타이밍, 하락하는 타이밍을 알고 싶습니다. 어떻게 하면 알 수 있을까요?"

개인 상담을 할 때 이런 질문을 받은 적이 있다. 아마 투자하는 사람이라면 누구나 알고 싶지 않을까? 그러나 사실 기관 투자자인 전문가들도 이 질문에 답하기 어렵다. 만약 그 타이밍을 정확히 알 수 있다면 세상의 모든 트레이더가 실패하지 않을 것이다.

흔히 과거의 가격 변동을 보고 경향과 패턴을 파악해서 시세의 움직임을 예측하곤 한다. '도표에서 어떤 사인이 보이면 매도 시기, 또는 매수 시기다'라는 식이다. 하지만 실제 시세는 과거의 데이터와 반드시 일치하지는 않는다.

이처럼 시장 가격을 예측할 수 없는 상황을 '시장 리스크(가격 변동 리스크)'라고 한다. 이 리스크에는 주가와 환율, 금리의 변동이 있다.

② 신용 리스크

만약 투자한 회사가 망하면 어떻게 될까? 사업하는 사람이라면 상상한 적이 있을지도 모르겠다.

투자한 회사가 망하면 투자한 돈이 사라지거나 약속한 돈을 돌려받지 못할 수도 있다. 주식이라면 가치가 없어져 종잇조각이 되고, 채권이라면 원금과 이자의 지급이 연기되거나 이루어지지 않기도 한다. 이런 일이 생길 가능성을 '신용 리스크'라고 한다.

이런 사태는 기업뿐만 아니라 국가에도 일어날 수 있다. 예를 들어 2022년 4월, 러시아는 기한을 넘긴 국채에 대한 이자를 갚지 못했다. 유예 기간인 30일을 넘긴 후에도 지불하지 못해서 결국 러시아의 채무불이행이 인정됐다.

따라서 투자는 믿을 수 있는 상대에게 해야 한다.

③ 유동성 리스크

중고 거래 앱에서 물건을 팔아본 적이 있는가? 찾는 사람이 많은 물건은 금방 팔리지만, 그렇지 않으면 팔리기까지 시간이 걸린다.

이처럼 수요가 적어서 원하는 가격에 팔리지 않는 물건은 '유동성 리스크'가 있는 경우다. 드물지만, 거래소 시스템이 멈춰서 거래할 수 없는 가능성이 있을 때도 '유동성 리스크가 있다'라고 표현한다.

아는 사람만 아는 주식을 사면, 팔고 싶을 때 매수자가 없을지도 모른다. 또는 매수자가 있어도 팔고 싶은 가격에 팔리지 않을 수도 있다. 그러므로 유동성을 고려해서 투자하면 좋다.

또한 원금 손실 가능성이 있는 상품을 팔 때 판매자는 그 이유를 설명할 의무가 있다. 여기에는 유동성 리스크도 포함된다.

뇌의 부정 편향을
똑똑하게 활용하라

과거에 인간은 강한 동물이나 적으로부터 자신을 지키기 위해 위험한 상황에 빠르게 대처해야 했다. 그래서 뇌는 긍정적인 정보보다 위협적이고 부정적인 정보에 더 주의를 기울이며 발전했다. 이를 '부정 편향'이라고 한다. 물론 부정 편향에 휘둘리면 상황을 객관적으로 판단할 수 없다.

하지만 뇌의 부정 편향을 투자에 똑똑하게 활용해보면 어떨까? 이를테면, 투자로 얻을 수 있는 이익보다 리스크에 더 집중하는 것이다. 즉, 투자할 때 '무엇이 이득일까?'가 아니라, '어떻게 리스크를 관리할까?'를 먼저 생각해보자. 무엇이 더 이득인지만 알고 싶어 하는 사람은 투자로 손해 볼 확률이 높다. 리스크를 모르기 때문이다.

그러니 **리스크를 이해해야 투자로 이득을 누릴 수 있다**는 사실을 명심해라. 무작정 두려워하는 상태도 건강하다고 할 수는 없지만, 리스크를 전혀 모르는 경우도 마찬가지다. 우선 시장 리스크, 신용 리스크, 유동성 리스크가 무엇인지부터 머릿속에서 정리해보라. 그리고 최대한 리스크를 줄이겠다고 다짐해라. 리스크를 줄이는 방법은 간단해도 제대로, 꾸준히 유지하기는 어렵다.

리스크를 이해했다면 이제 자산 운용을 시작할 차례다. 다음의 세 가지 기본 철칙을 기억해두면 자산을 효과적으로 운용할 수 있다.

① 장기 적립 투자를 하라

투자 상품은 가격이 변하며, 원금이 보장되지 않는다. 하지만 10년 이상 매월 적립식으로 투자하면 단기 거래보다 비교적 쉽게 자산을 늘릴 수 있다.

② 분산 투자를 하라

'달걀은 한 바구니에 담지 마라'라는 말을 들어본 적 있는가? 투자 방법을 설명하는 유명한 말이다.

한 바구니에 달걀을 담았다가 바구니를 떨어트리면 달걀은 모두 깨진다. 그러나 달걀을 몇 개의 바구니에 나눠서 담으면, 바구니 하나를 떨어트려도 다른 바구니의 달걀은 무사하다.

달걀은 자금, 바구니는 금융 상품으로 바꿔서 생각해보라. 일반적으로 종류가 다른 금융 상품은 가격 변동도 다르다. 따라서 여러 금융 상품을 적절하게 구성하면 리스크를 줄일 수 있다.

③ 고위험 상품은 전체의 20%만 보유하라

투자는 장기 적립식 분산 투자만으로 충분하지만, 다양한 금융 상품에 투자하고 싶은 사람도 있을 것이다. 이때 반드시 지켜야 하는 규칙이 '고위험 상품은 전체의 20%만 보유하기'다. 전문 기관의 투자자도 활용하는 중요한 전략이니 기억해두자.

'뭐야, 다 들어본 거네. 간단하잖아!'라고 생각할 수도 있다. 하지만 이 방법을 꾸준히 실천하기는 쉽지 않다. 운용 성적을 자주 확인하면서 일희일비하는 사람이라면 특히 주의해야 한다.

'이익이 났으니 팔아야지', '적립식 투자만으로는 돈을 많이 못 모으니까 단기 매매도 해봐야겠다'라고 생각하는 사람도 많다. 인간은 욕심이 많은 동물이기 때문에 당연하다.

하지만 **운용 성적은 1년에 한 번만 확인하면 충분하다.** 자산을 운용하는 구체적인 방법은 5장에서 설명하겠다.

유익한 정보를 얻어도
바로 실천하지 않는다

투자에 관해 모르는 것은 분명 가장 큰 리스크다. 하지만 최근에는 '올바른 금융 지식을 쌓았더라도 바로 실천하지는 않는다'라는 주장이 주목받고 있다.

내 강의는 중소기업 경영자나 관리자가 많이 듣는다. 대부분 자기의 전문 분야에 관한 경제 뉴스를 빠짐없이 확인하고, 각 분야 최전선에서 활약하고 있는 사람들이다.

이렇게 행동력 있고 경제 지식이 풍부한 사람들도 "돈 공부는 미루고 있었다"라고 입을 모아 말한다. 돈 공부를 미룬 이유는 앞에서 살펴본 사례들과 비슷하다.

그중에는 대놓고 이렇게 말하는 사람도 있었다.

"인터넷이나 뉴스에서 볼 수 있는 정보는 필요 없습니다. 그 정보를 활용할 수 있는 방법을 알려주세요."

다시 말해 '올바른 정보를 바탕으로 한 나에게 맞는 실천법을 알고 싶다'라는 뜻이다. 하지만 이 말은 결국, 아무리 좋은 정보를 얻어도 자기 것으로 만들어 실천하기 어렵다는 뜻이다. 이런 현실을 고려해서 나는 강의 시간 안에 배우고 실습까지 할 수 있는 '실습형 강의'로

방식을 바꿨다.

배워도 실천하지 않는 현상은 다양한 금융 현장에서 일어나고 있다. 2016년 1월 일본 금융청 연구센터가 발표한 보고서에 실린 내용을 보자.

'올바른 금융 지식을 제공하기만 하면 사람들의 행동이 개선되리라고 예상했지만, 실제로는 금융 교육을 받아도 교육을 받지 않은 사람과 행동이 크게 다르지 않다는 사실이 계속해서 드러나고 있다.'

비교적 활발히 금융 교육을 하는 미국에서도 '일상생활에서 금융 이해력을 활용할 수 있는 방법을 찾는 게 과제'라며 전문가들이 목소리를 높이고 있다.

행동경제학에서
길을 찾다

결국, 전 세계 곳곳에서 금융 교육에 심리학과 행동경제학을 활용하기 시작했다. 특히 영국은 2008년부터 적극적으로 금융 교육을 하며 선구자 역할을 하고 있다. 뒤에서 자세히 살펴보겠지만, 영국은 돈과 감정의 관계를 다루며 돈 때문에 겪을 수 있는 다양한 문제를 심리학 관점에서도 접근한다. 또한, 미국에서는 리먼사태 등의 금융위기를 반성하며 정기적으로 금융 교육 과정을 개정하고, 행동경제학을 활용한 금융 교육도 시도하고 있다.

행동경제학은 심리학, 사회학 등 여러 학문의 관점에서 인간의 행동을 해석하는 학문이다. 예를 들어, 할인한다는 얘기를 듣자마자 필요하지도 않은 물건을 잔뜩 사거나, 주가가 폭락할 걸 알면서도 그 주식을 처분하지 못하는 이유를 설명해준다.

이런 비합리적인 행동을 '행동 편향'이라고 한다. 행동 편향은 누구에게나 일어날 수 있다. 대표적인 행동 편향은 다음과 같다.

- 선택할 수 있는 경우의 수가 너무 많다는 이유로 금융 활동을 시작하지 않고, 금융 지식에도 무관심해지는 **행동 회피 및 연기**
- 내가 가진 정보를 적절한 순간에 활용해서 이익을 낼 수 있다고 믿는 **과도한 자신감**
- 보유한 상품의 가격이 매수한 가격 아래로 내려가는데도 매도하지 못하는 **손실 회피**
- 장기적인 투자 계획을 세우지 않고 눈앞의 이익만 보고 움직이는 **근시안적 행동**
- 여러 사람이 모이는 특정 상품에 홀리는 **군집 행동**

앞서 말한 '2022 금융 이해력 조사'에서도 행동경제학을 활용했다. 특히 손실 회피 경향이 강해서 투자하지 않는 사람, 근시안적 행동 편향이 강한 사람, 군중 심리에 쉽게 영향을 받는 사람의 특징을 분석했다. 그뿐만 아니라 일부 내용을 일본 고등학교 금융 교육에도 활용하고 있다.

행동경제학 전문가들은 특히 돈에 관한 행동 편향은 스스로 깨닫지 못하는 경우가 많다고 지적한다. 따라서 주변에 행동 편향을 보이는 사람이 있다면, 그 사실을 알려주거나 전문가에게 조언을 받을 수 있게 도와줘야 한다.

FINANCIAL THERAPY

전 세계 많은 사람이 돈 공부를 해도 실천하지 못하고 있다. 그러니 편안한 마음으로 돈과 마주하자. 더불어 뇌의 기능과 투자 리스크를 이해하면 좋은 결과를 얻을 수 있을 것이다.

심리학을 활용하면
돈 공부의 깊이가 달라진다

그렇다면 다른 나라에서는 심리학과 행동경제학을 금융 교육에 어떻게 활용하고 있을까? 여기에서는 간단하게 일본, 미국, 영국에서 어떻게 금융 교육을 하고 있는지 살펴보겠다. 세 나라의 교육 방식을 보며 심리학이 돈 공부에 어떤 영향을 주는지 생각해보자.

돈 모으는 방법을
필수로 가르치는 일본

2022년 4월, 일본에서는 자산 형성 방법을 알려주는 수업이 고등학교 필수 과목으로 지정되었다. 그러자 SNS에서는 "고등학생이 투자하는 법을 배우다니 부럽다", "그런 지식이 절실히 필요한 어른은 정작 배울 기회가 없네"라면서 화제가 되었다.

사실 일본에서는 금융 교육을 이전부터 해왔다. 중학교는 사회와 기술가정 과목에서, 고등학교는 사회과 과목에서 가르쳤다.

잘 알려지지는 않았지만, 일본에는 '금융 이해력 지도'가 있다. **연령별로 최소한 알아야 할 돈에 관한 지식과 금융 활동에 필요한 판단력을 정리한 자료**로, 전문가와 관계 부처 등이 협력해 2013년에 발표했다. 이 자료에서는 초등학생, 중학생, 고등학생, 대학생, 그리고 청년 사회인과 일반 사회인, 고령자 등이 갖춰야 할 금융 지식과 판단력의 기준을 각각 제시한다.

여기에서는 '일반 사회인' 기준에서 중요한 부분을 표로 간단히 살펴보자(이해를 돕기 위해 일부 표현은 알기 쉬운 단어로 바꿨다). 표에 정리된 내용이 어렵게 느껴져도 괜찮다. 이 책을 다 읽을 때쯤이면 거의 모든 내용을 이해할 수 있을 것이다. 그러니 일단 느긋한 마음으로 읽어보자.

표를 보면 알 수 있듯이, 금융 이해력 지도는 다양한 금융 활동을 체계적으로 이해할 수 있도록 정리되어 있다. 하지만 한 가지 아쉬운 점이 있다. 일본은 아직 심리학과 행동경제학 관점을 중요하게 여기지 않는다는 사실이다.

금융 이해력 지도 주요 부분(일반 사회인 기준)

일반 사회인이 갖춰야 하는 금융 지식과 판단력	
가계 관리	수입과 지출 및 자산과 대출을 관리하고, 필요에 따라 개선한다.
생활 설계	노후와 환경 변화에 대비하여 인생 계획과 자금 설계, 자산을 재검토한다.
	가정에서 자녀에게 금융 교육을 한다.
금융 지식과 경제 사정에 대한 이해와 적절한 금융 상품의 선택	
기본적인 금융 거래	수집한 정보로 적절한 소비를 할 수 있다.
	금융 상품의 권유 및 판매에 관한 법률을 이해하고, 사기 등을 당하지 않도록 신중하게 계약할 수 있다.
	기본적인 지식을 익히고, 필요한 경우에는 전문가와 상담할 수 있다.
금융 분야 공통	금융 상품의 특성과 리스크 관리, 장기적 관점에서 저축 및 운용의 중요성을 안다.
	경기 동향, 금리나 환율의 변동, 인플레이션과 디플레이션이 금융 상품의 가격과 가치 등에 미치는 영향을 이해하고 있다.
보험 상품	대비해야 하는 리스크와 필요한 금액을 보장해주는 보험 상품을 적절하게 선택할 수 있다.
	가족 구성과 수입의 변화에 따라 재검토할 수 있다.
대출 및 신용	현재와 은퇴 후의 부동산 수요를 고려해서 인생 계획을 세우고 실행할 수 있다.
	주택 담보 대출의 기본을 이해하고 상환 능력에 맞게 돈을 빌릴 수 있다.
	신용카드 분할 납부와 리볼빙 납부 수수료의 위험성을 이해하고 있다.
	대출금과 신용카드 대금을 상환하지 않으면 신용정보기관에 기록이 남아 다른 금융기관에서 대출받기 어려워진다는 사실을 이해하고 있다.
자산 형성 상품	생활을 꾸리면서 자산을 어떻게 형성해야 하는지 생각하고 있다.
	분산 투자를 해도 정기적으로 투자 대상을 재검토해야 한다는 사실을 알고 있다.
외부 의견의 적절한 활용	금융 상품을 이용할 때, 적절한 기관에서 상담을 받아야 한다는 사실을 알고 있다.
	금융 상품을 선택하는 데 필요한 정보나 중립적인 조언을 얻을 수 있는 기관 또는 전문가 등을 적절하게 선택하고 행동할 수 있다.

유치원 때부터 돈 관리법을
알려주는 미국

━━━━━

미국은 세계 제일의 금융 도시인 뉴욕이 있는 경제 선진국이다. **미국에서는 개인의 자산을 계획하고 관리하는 '개인 재무' 교육을 5세부터 18세까지 받는다.**

돈을 관리하는 방법은 가정에서 배우면 제일 이상적이다. 하지만 현실적으로 어려운 경우가 많아 학교에서도 가르친다. 미국에서는 '국가 표준(National Standards)'이라는 연령대별 목표를 바탕으로 교육한다. 다만 주(州)마다 교육 내용이 조금씩 다르다.

간단히 살펴보면, '국가 표준'에서는 다음 항목들을 각각 9~10세, 13~14세, 17~18세까지 배우도록 정했다.

- 수입
- 지출
- 저축
- 투자
- 채무 관리
- 리스크 관리

항목만 보면 일본의 금융 교육과 크게 다르지 않아 보인다. 그러나 교육 과정을 자세히 보면 유치원 때부터 금융 지식을 배운다는 점에서 미국이 경제 선진국이라는 생각이 든다. 또한 행동경제학을 배워 비합리적인 경제 활동의 이유를 이해한다는 점도 의미 있다.

특히 13~14세 시기가 눈에 띈다. 미국은 이 시기에 일본의 '금융 이해력 조사'에서 점수가 낮았던 복리를 배운다. 그리고 일본에서는 고등학생 때 배우는 '자산을 형성하는 방법'도 이때 익힌다. 이 외에 특징적인 부분은 표로 살펴보자.

미국의 연령별 금융 교육 과정

9~10세	유명 기업가의 사업 실패 원인과 성공 요인이 무엇인지 이야기를 나눈다.
	급하게 돈이 필요할 경우를 대비하거나 단기적 재무 목표를 이루기 위해서 저금리의 보통 예금 계좌를 이용한다.
	장기적인 재무 목표를 달성하기 위해서는 리스크가 더 큰 상품에 투자해 높은 수익을 노리는 사람이 많다는 점을 이해한다.
13~14세	이자에 이자가 붙는 복리를 배운다.
	투자 상품의 종류와 리스크, 복리로 돈이 불어나는 원리를 배운다.
17~18세	배우자와 생계를 함께 꾸려나가기 전, 서로의 재무 상황과 목표, 가치관을 공유하면 돈 때문에 갈등을 겪는 일이 줄어든다는 사실을 익힌다.
	자동 적립 적금이나 기업형 거출 연금 등을 이용하면 스트레스와 외부 영향을 덜 받아 저축하기 쉽다는 사실을 이해한다.
	인플레이션이나 자산의 현재 가치, 금융 상품 가치의 변동 요인, 분산 투자와 자산 배분 등을 배운다.
	행동 편향으로 받는 영향 등 행동경제학을 배운다.

돈과 감정의 관계까지
가르치는 영국

영국은 세계 금융 도시 2위로 뽑힌 런던이 있는 나라다. 그 명성에 걸맞게 금융 교육에서도 세계를 이끌고 있다. 그뿐만 아니다. 2014년에 실시한 S&P 글로벌 핀릿의 조사 결과에 따르면, 영국은 전 세계에서 6번째로 국민의 금융 이해력이 높은 나라다.

그렇다면 영국에서는 어떻게 금융 교육을 할까?

영국은 잉글랜드, 북아일랜드, 스코틀랜드, 웨일스까지 총 4개의 지역으로 구성된 나라다. 그러다 보니 금융 교육 과정이 지역에 따라 조금씩 다르다. 빠른 지역은 3세부터 금융 교육을 하며, 3~19세까지 다음 항목을 공부한다.

- 돈 관리법
- 돈과 관련한 리스크와 감정 관리법
- 비판적인 소비자가 되기 위한 안목 기르기
- 생활 속 돈의 중요한 역할 이해하기

특히 '**돈에 관한 감정**'은 **영국에서만 다룬다.** 예를 들어, 3~5세에는 '돈은 자신의 감정을 휘두를 수 있다', '타인은 돈에 자신과 다른 감정을 가질 수 있다' 등 돈과 감정의 관계에 집중해 교육한다. 더 크면 돈을 빌리는 행위, 사기, 파산 등 돈과 얽힌 사건이 있을 때 어떤 감정을 느끼는지 배운다.

독일 생체학자 스캐몬(R. E. Scammon)의 성장곡선에 따르면 인간의 뇌는 6세까지 90%가 완성된다고 한다. 따라서 어린 시절부터 돈과 감정의 관계를 배운다는 점은 매우 의미 있는 일이다.

영국의 연령별 교육 과정도 간단히 표로 살펴보자.

영국의 연령별 금융 교육 과정

3~5세	돈은 자신의 감정을 휘두를 수 있다는 사실을 이해한다. 예를 들면, 돈 때문에 행복해질 수도 있고 슬퍼질 수도 있다.
	돈이 자신을 어떤 기분으로 만드는지 설명할 수 있다.
	타인은 돈에 자신과 다른 감정을 가질 수 있다는 사실을 이해하기 시작한다.
5~7세	돈을 저금하면 어떤 감정이 드는지 이해한다.
7~9세	돈을 빌리거나 빌려줄 때 어떤 감정이 드는지 설명할 수 있다.
9~11세	돈을 빌리기 전에, 리스크와 잠재적 결과 그리고 자신과 타인의 감정에 미치는 영향을 왜 고려해야 하는지 이해할 수 있다.
11~14세	사기나 사칭 범죄가 자신과 타인에 미치는 감정적, 경제적 영향을 이해한다.
	자신의 감정이 경제적 의사결정을 어떻게 좌우하는지 설명할 수 있다.
	잘못된 결정(특히 빌릴 때)이 스트레스와 불안으로 이어져 건강과 행복, 인간관계에 문제를 일으킬 수 있음을 이해한다.
	보험이 없으면 만일의 경우 자신이 경제적, 정신적 책임을 부담해야 한다는 점을 알고 있다.
14~16세	리스크 평가와 관리를 게을리하면 자신의 미래와 경제적, 사회적, 정신적 안정에 영향을 미칠 수 있다는 사실을 이해한다.

영국의 금융 교육 과정을 보면 돈과 감정의 관계에 집중한다는 사실을 알 수 있다. 이런 교육 과정은 아이들의 '정서 지능'을 키우는 데에도 도움을 줄 것으로 보인다. 정서 지능은 자신과 다른 사람의 정서를 이해하고 처리하는 능력으로, 미국의 심리학자 존 메이어(John Mayer)와 피터 샐러베이(Peter Salovey)가 정의한 개념이다.

영국의 교육 과정은 매우 인상적이다. 어렸을 때부터 돈과 어떤 관계를 맺어야 할지 자연스럽게 알려주기 때문이다. 영국의 교육 과정이 세계 표준이 된다면 돈과 건강하게 마주할 수 있는 사람이 많아지리라 기대된다.

금융 선진국에서는 이미 아이들에게 심리학과 행동경제학을 바탕으로 금융 교육을 하고 있다. 이런 흐름은 앞으로 전 세계로 뻗어나갈 것이다.

뇌과학과 함께 돈을 공부하자
마음도, 돈도 넉넉해졌다

재테크에
뇌과학을 녹이다

이번에는 내가 어떻게 파이낸셜 테라피를 시작하게 됐는지 이야기해 보려고 한다.

은행원이었던 아버지는 내가 어릴 적부터 돈에 관해 가르쳐주셨다. 덕분에 외국계 투자 은행에서 17년간 일했으며, 26년 이상 개인 투자자로 자산 운용을 실천하고 있다. 돈에 둘러싸인 환경 덕에 분명 좋은 점이 많았다. 하지만 대학 시절 갑작스러운 아버지의 죽음을 겪고 나서 돈에 느끼는 불안감이 남보다 심해졌다.

'어느 날 갑자기 돈이 없어서 힘들어지면 어떡하지?'

나는 마음속으로 늘 불안했다. 대책을 세우려고 할수록 불안은 더욱 커져만 갔다. 나는 금융 지식을 쌓는 것 말고 무언가가 더 필요하다는 생각이 들었다. 그래서 매일 열심히 일했다. 마음의 안정을 얻기 위해서였다. 그러다 결국 체력적 한계에 부딪혀 금융 업계를 떠나야 할 때가 오고 말았다.

사실 그전까지 사업은 꿈도 꾼 적이 없었지만, 건강을 회복한 후에는 사업을 준비하기 시작했다. 틈틈이 온라인 마케팅과 뇌과학 코칭도 배웠다. 하루는 창업을 돕는 학원에서 뇌과학을 바탕으로 돈에 가진 나의 신념을 알아보는 활동을 하고 충격을 받았다. 신념이 왜 생겼는지를 파고들었더니 무리하게 일을 계속했던 진짜 이유가 밝혀졌기 때문이다.

놀랍게도 그 이유는 아버지를 잃었을 때 느낀 감정에 있었다.

대학교 1학년 가을, 대학 생활을 만끽할 틈도 없이 아버지가 병으로 세상을 떠났다. 장례를 치르고 일주일이 지났을 때, 나는 정신이 번쩍 들었다. 하루아침에 집안의 기둥이 사라진 현실을 깨달은 것이다. 당시 어머니는 전업주부였고 오빠와 나는 대학생이었다. 인생 최대의 경제적 위기에 대학도 중퇴할 뻔했다.

가장이 된 어머니는 50세에 처음으로 직장을 구했고, 오빠와 나는 아르바이트를 하며 장학금을 받았다. 어머니는 리스크를 각오하고 금융 상품을 사서 얻은 이익으로 생활비를 조금 지원해주셨다.

덕분에 나는 무사히 대학을 졸업할 수 있었다. 일자리를 얻은 다음에는 '이제 한시름 놓았다'라는 생각에 가슴을 쓸어내렸다.

그러나 마음이 놓인 순간은 잠시뿐이었다. '돈이 갑자기 떨어지면 어쩌지?' 하는 걱정은 나날이 커졌다. 왜 이 걱정을 하며 불안해하는지도 모른 채 하루하루를 보냈다. 그러다 돈에 가진 신념을 알아보면서 불안에 떨던 이유를 알아차리게 되었다.

그 불안감은 아버지와의 갑작스러운 이별을 받아들이지 못해서 생긴 감정이었다. 아버지를 잃은 슬픔과 갑자기 겪었던 경제적 어려움이 남긴 두려움이 트라우마가 된 것이다. 처음으로 트라우마를 마주한 순간이었다.

아버지를 여의고 맞닥뜨린 상황이 '갑자기 돈이 없어져서 인생이 바닥으로 떨어지는 건 아닐까?'라는 두려움을 만들었다. 날 불안하게 만든 트라우마를 마주하자 비로소 마음이 놓였다. 마치 마음속 안개가 걷힌 기분이었다.

트라우마는 충격적인 경험을 하고 난 뒤에 계속해서 그 경험을 떠올리거나 불안과 공포를 느끼는 등 정신적으로 고통받는 것을 말한다. 세계적인 학술지 〈네이처 커뮤니케이션스(Nature Communications)〉에 실린 한 연구에 따르면, 끔찍한 사고를 당하면 기억을 담당하는 해마와 감정을 담당하는 편도체를 연결하는 경로가 더 강해진다고 한다. 그래서 최근에는 트라우마를 치료하기 위해 뇌과학적 접근도 시도하고 있다.

'돈 공부와 자산 운용만으로는 진정한 풍요로움을 느낄 수 없다.'

이렇게 생각한 나는 '뇌과학을 활용한 자산 운용'이라는 방법을 떠올렸다. 나의 경험, 금융 지식, 심리학, 뇌과학을 융합하면 효과적으로 자산을 운용할 수 있겠다는 확신이 들었다. 상담을 통해 돈과 관련된 트라우마나 나쁜 생각 등을 마주하고, 뇌가 돈을 긍정적으로 바라보게 만들면 진짜 풍요로운 상태에 도달할 수 있다.

나는 유일무이한 방법이라고 자부했지만, 주변 반응은 그다지 좋지 않았다. "투자는 투자를 좋아하는 사람들이나 부자들이 하는 거지", "재테크에 뇌과학이라니, 어울리지 않아", "하려는 사람이 없겠는데?"라는 말을 듣기도 했다.

그러나 포기하지 않고 개인을 위한 금융 강의를 하면서 관련 정보를 계속 모았다. 그러던 중 세계적으로 유명한 'NLP금융클리닉'을 알게 되었다. 나는 곧바로 NLP 분야의 세계적 권위자에게 직접 교육을 받고 NLP금융클리닉 트레이너 자격증을 땄다.

그리고 2021년, 미국에서 '금융(Finance)'과 '치료(Therapy)'를 융합한 서비스인 '파이낸셜 테라피'가 주목받고 있다는 사실을 알게 되었다.

'이건 내가 4년 전부터 준비한 거잖아. 많은 사람에게 파이낸셜 테라피를 알려주지 않으면 평생 후회할 거야!'

이런 생각이 든 나는 곧바로 강의를 만들기로 마음먹었다. 그리고 그해 겨울부터 '파이낸셜 테라피 체험 강의'를 시작했다.

이렇게 **나의 경험, 금융 지식, 세계적 권위자가 개발한 심리 프로그램을 융합한 독자적인 금융 프로그램 '웰스 파이낸셜 테라피(Wealth Financial Therapy)'가** 탄생했다.

현재는 인생 계획과 자산 운용을 시작하는 방법, 경제 공부 등을 알려주는 6개월 금융 실무 강의에 웰스 파이낸셜 테라피를 추가해 개인별 맞춤 지도를 하고 있다.

돈과 마주하는 자기만의 건강한 방법을 찾아라

앞에서 살펴본 행동경제학은 여러 분야에서 활용되고 있으며, 바람직하게 행동하도록 돕는 유익한 학문이다. 다만, 재무 상담을 받고 싶어 하는 사람들이 원하는 정보는 '보통은 이렇게 한다'라는 내용이 아니다. 일반적인 지식은 세상에 차고 넘친다. 일반적인 지식을 내 것으로 만들고 실천하기가 어렵다.

돈은 매우 사적이고 민감한 대화 주제다. 그래서 다른 사람에게 돈 이야기를 하려면 용기가 필요하다. 누구나 믿을 만한 사람이 고민을 들어주고, 자신의 불안한 감정도 이해해주기를 바란다. 나아가 자신이 어떻게 행동하면 좋을지 맞춤 조언을 얻고 싶어 한다.

하지만 돈에 관한 고민이나 재무 목표는 각자 다르다. 100명의 사람이 있다면 고민과 목표도 각각 100가지가 있다. 언뜻 보기에 같은 고민처럼 보여도 개인 상황에 따라 구체적인 걱정거리가 다르기 때문이다.

'파이낸셜 테라피'는 각자의 상황에 맞게 조언해주고, 개인의 가치관에 맞는 재무 설계 방법을 알려준다. 더불어 건강하게 돈과 마주할 수 있도록 도와준다.

간혹 '테라피'라고 하면 '두피 테라피'처럼 어떤 시술을 받는 게 아닌지 수상하게 여기는 사람도 있다. 하지만 이 책에서 말하는 테라피는 뇌가 돈을 어떻게 생각하는지 알아보는 활동과 심리 상담 중심의 마음 치료법을 말한다.

파이낸셜 테라피는 크게 세 단계로 정리할 수 있다. 우선 개인이 직면하고 있는 돈에 관한 문제 행동을 자세하게 돌아본다. 그리고 대화를 하며 돈에 얽힌 사건과 그때의 감정을 돌이켜본다. 마지막으로, 어떻게 하면 상황을 개선할 수 있는지 고민하고, 건강하게 해결할 수 있는 행동으로 연결한다.

즉, 전문가가 상담자의 생각과 행동을 조종하거나 유도하지 않고, 질문을 통해 상담자 스스로 정리하도록 돕는다. 자세한 내용은 2장에서 살펴보겠다.

이처럼 뇌과학과 심리학을 녹인 파이낸셜 테라피로 문제 상황을 정확하게 파악하고, 건강하게 돈과 마주하는 나만의 방법을 찾자. 나아가 지금 겪고 있는 돈 문제를 해결하고, 금융 이해력을 향상시키는 데 도움이 되기를 바란다.

FINANCIAL THERAPY

진정한 풍요로움은 돈이 얼마나 있는지에 달려 있지 않다. 건강하게 돈과 마주해야 비로소 경제적, 정신적 풍요로움을 얻을 수 있다.

THE
BRAIN
SCIENCE
OF
MONEY

2장

뇌과학과 심리학으로 돈을 모으는 확실한 방법, 파이낸셜 테라피

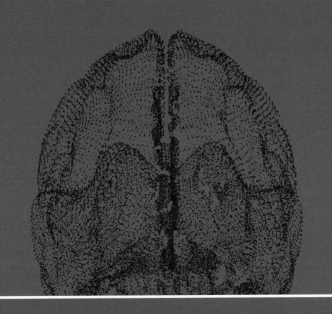

인간의 뇌는 정밀하면서도 그 능력이
아직까지 전부 알려지지 않았다는 점에서
가장 특이한 장치다.

스튜어트 시튼(Stuart Seaton)

돈 문제를 해결할 열쇠는
심리학에 있다

'파이낸셜 테라피'라는 단어를 처음 들어본 사람이 많을 것이다. **파이낸셜 테라피는 돈에 관한 문제를 심리학적 측면에서 해결하는 심리치료법의 한 분야다.** 나는 여기에 뇌과학적 접근을 더해 더욱 견고히 했다. 즉, 파이낸셜 테라피는 경제적 측면에서 조언하는 데 그치지 않고, 돈 때문에 느끼는 불안감과 스트레스를 줄이며, 돈과 마주하는 적절한 방법도 알려준다.

구체적으로는 경제 상황을 바라보는 사고방식, 나쁜 습관을 고치는 방법, 자신에게 맞는 소득 및 지출 관리법과 인생 계획, 자산 운용 등에 관해 조언한다. 재무 상담과 심리 상담을 하며 궁극적으로 '돈을 잘 다룰 수 있게' 돕는 셈이다.

그렇다면 파이낸셜 테라피가 재무설계사의 조언과 가장 다른 점은 무엇일까? 파이낸셜 테라피는 돈을 모으는 방법뿐만 아니라 돈에 관한 습관, 사고방식을 개선하도록 도와준다. 또한, 개인의 가치관이나 가족 관계, 생의 단계 등을 고려해 심리적인 면과 경제적인 면을 같이 살펴 조언한다. 이때 생의 단계는 인간이 태어나서 죽을 때까지 생물학적·사회적으로 구분할 수 있는 여러 단계를 말한다.

돈과 관련된 문제 행동이나 나쁜 습관은 어린 시절에 겪은 경험이나 트라우마 때문에 생겼을 가능성이 크다. 그래서 단순히 돈 공부를 해서 돈을 관리하고, 인생 계획을 세운다고 문제가 해결되지 않는다.

이때 파이낸셜 테라피가 필요하다. 파이낸셜 테라피는 돈을 쓰고, 모으고, 관리하는 과정을 재검토하면서, 심리학적 접근을 통해 '돈을 대하는 근본적인 자세'를 살펴본다.

지금부터 파이낸셜 테라피의 역사와 특징을 다른 나라의 사례와 함께 소개하겠다. 파이낸셜 테라피를 깊이 이해할 수 있기를 바란다.

돈 문제는 지식만으로
해결할 수 없다

파이낸셜 테라피는 미국에서 탄생했다.

전문가들은 **'돈에 관한 문제는 지식만으로는 해결할 수 없다'**라는 사실을 깨닫고 돈과 심리의 관계를 연구했다. 끊임없는 연구 끝에 마침내 2008년 세계 금융위기 무렵에 파이낸셜 테라피가 탄생했다. 이후 2020년 코로나19 팬데믹으로 전 세계가 경제 위기를 겪으면서 파이낸셜 테라피는 더욱 주목받았다.

이런 탄생 과정 덕분에 파이낸셜 테라피 분야에는 경제학과 심리학을 아우르는 전문가들이 있다. 브래드 클론츠(Brad Klontz)가 대표적이다. 브래드 클론츠는 국제공인재무설계사(CFP)이자 임상심리사다. 그는 2000년대 초부터 돈과 부의 문제를 연구해 재무 심리학의 선구자로 미국 전역에서 주목받았다. 같은 문제의식을 느끼고 함께 활동하고 있는 브래드의 아버지, 테드 클론츠(Ted Klontz)는 미국 파이낸셜테라피협회(FTA)의 초대 부회장을 역임했다.

클론츠 부자 외에도 많은 심리학 전문가, 금융 전문가가 똑같은 문제의식을 느끼고 있었다. 예를 들어, 상담 강국인 미국에는 부부 관계나 가족 관계의 문제를 전문으로 다루는 심리상담사도 있다. 그런데 가족 관계 때문에 상담을 시작했지만, 돈이 원인인 경우가 종종 있었다. 그럴 때마다 심리상담사들은 심리학 전문 지식이나 상담 기술은 있지만, 금융 지식은 없어서 어떻게 해결하면 좋을지 고민이었다.

반면 금융 전문가도 같은 고민을 했다. 일반적으로 미국에서는 재무설계사에게 재무 상담을 받는다. 그래서 미국에는 독립재무자문가(IFA, Independent Financial Advisor)가 약 13만 명이 있다. 인구수 차이를 고려해도 매우 놀라운 숫자다.

재무자문가들은 이론만으로 해결할 수 없는 고객을 어떻게 대해야 할지 고민하고 있었다. 조언해도 행동하지 않는 고객, 상담 중에 감정이 격해지는 고객을 대하는 데 어려움을 겪었기 때문이다.

미국 파이낸셜 테라피 협회, 새로운 길을 열다

그러다가 2008년 11월, 전문가들이 캘리포니아에 모여 '파이낸셜 테라피 포럼'을 개최했다. 포럼에서는 다음 내용을 공유했다.

- 금융 교육은 예상한 것처럼 잘되지 않을 때도 있다. 경제적 행복을 만드는 지식과 감성을 모두 활용한 '인생 계획'은 더욱 효과적인 교육 접근 방법이며, 상담자의 행동을 바꾸는 데 큰 도움이 될 수 있다.
- 고객의 3분의 1은 재무 설계를 따르지 않는다. 사람들은 돈에 관한 저마다의 신념이 있다. 재무 설계를 할 때는 미래를 내다보는 조언과 과거에 일어난 일을 이해하는 상담, 둘 다 필요하다. 파이낸셜 테라피는 이 둘을 연결하는 방법일 수 있다.
- 부모가 돈 문제로 자녀를 가르치려고 하면 고생하기 쉽다. 따라서 파이낸셜 테라피는 자녀 교육에서도 중요한 역할을 할 가능성이 있다.

출처: 미국 파이낸셜테라피협회
《The Journal of Financial Therapy》 Volume 1, Issue 1, 2010

이 포럼이 개최된 후 2009년 10월, 파이낸셜테라피협회가 설립됐다. 협회는 '전문 강사 육성' 등을 비전으로 내걸고 정기 회의를 하는 등 적극적으로 활동을 이어갈 뿐만 아니라, 2019년에는 파이낸셜 테라피 강의와 자격증 제도도 시작했다.

파이낸셜 테라피스트 자격증은 미국 공인 자격이 될 예정이며, 나아가 국제 공인 자격증이 되는 것을 목표로 하고 있다. 파이낸셜 테라피스트 자격(CFT-I™)을 얻기 위해서는 다음 기준을 충족하고 나서 인증 시험에 합격해야 한다.

- 금융이나 심리학 학사 학위 소지자, 또는 공인재무설계사나 공인펀드투자 상담사 자격증 소지자
- 트레이닝 강의 동영상 시청
- 고객과의 세션 250시간 포함, 총 500시간의 실무 경험

트레이닝 강의에서는 재무 분석의 기초, 행동경제학의 기초, 상담 및 치료법의 기초, 돈과 인간관계 등을 배운다.

현재는 미국 대학에도 파이낸셜 테라피 과정이 개설되었고, 수강생이 점점 늘어나고 있다. 매년 파이낸셜 테라피를 받고 싶어 하는 사람들도 늘고 있어, 3개월 후까지 예약이 꽉 차 있는 파이낸셜 테라피스트도 있다.

2020년 일본재무설계협회가 한 조사에 따르면, 조사에 참여한 사람 중 약 60%가 '현재 혹은 미래의 자산에 대한 불안감을 느낀다'라고 대답했다. 그리고 '돈에 대한 불안감을 해소하는 방법을 알고 싶은 사람'도 절반이 넘었다.

이 조사 결과는 금융과 심리학 지식을 두루 갖춘 전문가와 상담하고 싶어 하는 사람이 많다는 사실을 알려준다. 파이낸셜 테라피는 아직 낯선 분야지만, 잠재적 수요는 높은 셈이다.

FINANCIAL THERAPY

파이낸셜 테라피는 심리학 및 경제학 전문가가 모여 만든 심리 치료법이다. 앞으로 자격을 갖춘 테라피스트도 더 많아지고, 파이낸셜 테라피도 세계 곳곳으로 뻗어나가리라 기대된다.

파이낸셜 테라피로
돈만 모을 수 있을까?

돈과 감정의 연결고리,
뇌를 알면 보인다

파이낸셜 테라피를 이해하려면 먼저 **'돈과 감정의 관계'부터 이해해**
야 한다.

돈과 감정이 무슨 관계인지 감이 안 잡히는 사람이 많을 것이다. 돈
과 감정의 연결고리는 뇌를 보면 알 수 있다. 이 둘의 관계를 보고 나
서 파이낸셜 테라피로 어떻게 변할 수 있는지 구체적으로 알아보자.

먼저 최근에 구매한 비교적 비싼 물건을 떠올려 보라.

그 상품을 발견했을 때 어떤 기분이었는가? 실제로 물건을 사기
전까지 무슨 생각을 했는가? 물건을 사고 나서는 어떤 감정을 느꼈
는가?

일반적으로, 사람은 감정 때문에 물건을 산다고 알려져 있다. 쉽게 말해 '이것을 갖고 싶다!'라는 감정이 생긴 다음, '꼭 사야 하나? 사지 않아도 괜찮을까?'를 고민해서 결정한다. 합리적인 이성보다 무의식 속 감정이 구매에 큰 영향을 주기도 한다. 그러다 보니 갖고 싶다는 감정이 커서 물건을 샀지만 후회하는 경우도 종종 있다.

그래서 최근 많은 기업이 '뉴로마케팅(Neuromarketing)'이라는 뇌과학 기법에 주목하고 있다. 뉴로마케팅은 뉴런(Neuron)과 마케팅(Marketing)을 합친 용어로, 브랜드나 상품에 관한 소비자의 무의식속 감정을 파악해 마케팅에 활용하는 전략이다.

기업뿐만 아니라 우리 같은 소비자도 뉴로마케팅을 공부해두면 좋다. 물건을 사고 나서 후회하는 일을 줄이고, 그 돈을 자산 운용에 활용할 수 있기 때문이다.

이번에는 돈 때문에 어려움을 겪는 상황을 상상해보자. 하루하루 생활하기도 힘든데 빚까지 있다. '돈을 갚을 수 있을까?'라는 생각만으로도 괴롭고, 아마 밤에 잠도 설칠 것이다.

미국의 한 조사에 따르면, 빚이 있는 미국인 중 3분의 1이 '항상 빚걱정을 하고 있다'라고 대답했다. 이처럼 돈 때문에 스트레스를 받으면 뇌는 나쁜 영향을 받는다. 사람은 스트레스를 받으면 코르티솔이라는 호르몬이 분비된다. 문제는 이 호르몬이 뇌에서 기억을 담당하는 해마를 손상시킨다는 점이다.

그 반대 역시 마찬가지다. 정신 건강에 문제가 있어도 돈 걱정이 커진다. 냉정하게 판단할 수 없는 상태에서는 단기간에 돈을 늘리려고 하거나, 빚을 만들기도 한다. 또 다른 악순환에 빠질 가능성이 있는 셈이다.

이렇게 돈과 감정은 좋든 나쁘든 서로 영향을 미친다. 그러니 돈 때문에 불안하기 싫다면 '돈과 감정의 관계'부터 이해하라. 그다음에 구체적인 대책을 세워서 실천하면 문제를 해결할 수 있을 것이다.

파이낸셜 테라피로
무엇을 얻을까?

미국에서는 수많은 전문가가 다양한 방식으로 파이낸셜 테라피를 공부한다. 그다음 자기만의 서비스에 접목해 상담자에게 파이낸셜 테라피를 제공한다.

예를 들어, 테라피 요소를 도입한 재무자문가와 재무설계사는 가치관과 목표를 구체화하여 재무 설계를 하고, 목표를 달성할 수 있도록 돕는다. 심리상담사나 심리치료사는 금융 요소를 도입해 재무 설계 조언도 하고, 돈을 대하는 태도나 마음가짐을 알려주기도 한다.

전문 분야에 따라 제공하는 내용은 조금씩 다르다. 하지만 파이낸셜 테라피를 받으면 공통적으로 얻을 수 있는 장점이 있다.

① 경제 활동에서 나타나는 문제 행동을 깨닫는다

파이낸셜 테라피에서는 '돈 문제를 일으키는 행동'을 알려준다. 자신의 문제 행동을 깨달음으로써, 과거 경험이나 인간관계가 어떻게 문제 행동으로 이어졌는지도 알 수 있다.

② 돈에 관한 부정적인 감정이 줄어든다

앞에서 돈 때문에 느끼는 감정이 돈과 관련한 결정뿐만 아니라 정신 건강에도 나쁜 영향을 줄 수 있다고 설명했다. 파이낸셜 테라피는 불안, 두려움, 수치심, 죄책감 등 돈에 관한 부정적인 감정을 줄일 수 있게 돕는다.

③ 돈 관리에 관해 건강한 조언을 얻을 수 있다

파이낸셜 테라피는 각자의 경제 상황이나 목적에 맞게 실용적인 조언을 하도록 돕는다. 따라서 누구나 경제적인 의사결정 능력을 높일 수 있다.

④ 상황을 나아지게 만드는 방법을 알 수 있다

돈을 대하는 건강한 사고방식과 행동을 배울 수 있다. 또한, 문제를 해결할 수 있다는 자신감이 생긴다. 그 결과 가계 상황을 수월하게 정리할 수 있다.

다양한 전문가가 파이낸셜 테라피를 자기 전문 분야에 활용해 금융 및 심리학 지식을 융합하고, 독자적인 고객 맞춤형 서비스를 제공하고 있다.

실제로 파이낸셜 테라피를 받은 사람들의 변화를 몇 가지 소개하겠다. 먼저 미국의 파이낸셜 테라피스트 에리카 와서먼에게 상담받은 사람들의 이야기를 들어보자.

- 가계 예산을 지킬 수 있게 되었고, 가족회의에서 돈 이야기를 편하게 나누게 되었다.
- '왜' 돈을 쓰고, '무엇에' 돈을 쓰는지, 즉 돈을 쓰게 만드는 원동력을 알기 쉽게 설명해주었다. 덕분에 이제는 돈을 허투루 쓰지 않는다.
- 파이낸셜 테라피를 받고 알게 된 방법으로 배우자와 편하게 돈 이야기를 나누게 되었다. 덕분에 서로 가치관을 공유하고, 매달 신용카드 사용 금액을 35% 이상 줄이게 되었다.

웰스 파이낸셜 테라피를 받은 사람들도 좋은 변화를 겪었다. 그들의 이야기도 들어보자.

- 경제적으로 궁핍하지 않을 때도 항상 돈에 쪼들리고 있다는 불안감에 시달렸다. 하지만 웰스 파이낸셜 테라피를 받고, 자산 관리를 어떻게 해야 할지 검토하니 안정감이 느껴졌다.

- 아이가 생긴 뒤 '여러 곳에서 수입을 얻고 싶다', '자산을 늘리고 싶다'라고 생각했다. 강의를 듣고 나서 '정답은 내 안에 있다!'라는 자신감이 생기면서 시야가 트였고, 가치관과 인생 계획을 다시 살펴보게 되었다.
- '돈에 느끼는 저항감을 해결하지 못한 채, 돈 모으는 방법만 공부해서는 목표에 도달할 수 없다'라는 생각에 늘 고민이었다. 하지만 강의를 듣고 나서 내가 가진 선입견과 그릇된 신념을 내려놓고, 목표도 어려움 없이 설정했다.

방금 본 사례처럼 궁핍하지 않아도 돈이 없다는 생각에 불안해하는 사람이 주변에 한두 명쯤 있을 것이다. 영국의 심리학자 로저 헨더슨(Roger Henderson)은 이런 증상을 '돈 걱정 증후군'이라고 이름 붙였다.

이 증후군이 있는 사람은 보통 자신이 정확히 얼마를 벌고, 어느 정도 쓰는지 잘 모른다. 그래서 막연한 불안함이 사라지지 않고 마음에 가득한 것이다. 자신의 수입과 지출을 정확히 파악하지 못하는 이유는 다양할 것이다. 어쩌면 그 이유가 외부에 있지 않고 무의식에 있을지도 모른다.

돈 걱정 증후군이 심할 경우에는 불면증이나 우울증을 함께 겪기도 한다. 그러니 주변에 이 증후군을 앓고 있는 사람이 있다면 파이낸셜 테라피를 추천해보기를 바란다.

'돈을 대하는 가치관'은 생각보다 행동에 큰 영향을 미치기 때문에 그릇된 부분만 바꿔도 큰 변화를 만들 수 있다.

믿을 만한지
항상 확인하라

―――

지금까지 파이낸셜 테라피의 좋은 면을 소개했다. 하지만 앞에서도 말했듯이 리스크를 올바르게 이해하는 것이 무엇보다 중요하다.

사실 미국에서는 파이낸셜테라피협회가 승인한 테라피스트를 선택하라고 권하지만, 대부분의 나라에는 아직 공식적인 승인 자격이 없다. 또한, 파이낸셜 테라피는 새로운 영역이라서 앞으로 많은 정보가 쏟아질 것이다. 그러니 정보를 수집할 때는 세 가지 사항에 유의하여 믿을 만한지 확인하는 습관을 들여야 한다.

- 자격증이나 학위, 실무 경험이 있는 전문가인가?
- 인플루언서의 경우, 전문 지식을 갖추었는가?
- 한쪽에 치우치지 않고 공정하며, 윤리적으로 행동하는가?

특히 세 번째 항목을 꼭 기억해야 한다.

파이낸셜 테라피는 돈과 심리, 즉 인생을 크게 좌우하는 영역을 다룬다. 따라서 테라피스트는 높은 윤리의식을 가지고 있어야 한다.

파이낸셜테라피협회의 윤리 규정에서는 금융 상품을 판매하거나, 권유하는 행위를 금지하고 있다. 또한, 리베이트나 개인적 이익을 얻을 수 있는 행위도 하면 안 된다. 리베이트가 낯선 사람도 있을 텐데,

이는 한번 지불된 상품이나 서비스의 대가 일부를 다시 지불한 사람에게 되돌려주는 것을 말한다.

　나 역시 중립적이고 공정한 서비스를 제공하기 위해 금융 상품이나 보험을 판매하거나 권유하지 않고, 오로지 강의만 제공한다.

　믿을 수 있는 파이낸셜 테라피 정보인지, 그리고 믿어도 되는 테라피스트인지 판단하는 기준으로 이 내용을 반드시 기억하기를 바란다.

FINANCIAL THERAPY

다양한 분야의 전문가들이 파이낸셜 테라피에 관심을 보이고 있다. 파이낸셜 테라피로 많은 것을 얻을 수 있지만, 한편으로 리스크도 존재한다. 잘못된 정보에 현혹되지 않게 올바른 판단 기준을 갖추자.

뇌과학에 기반을 둔
'웰스 파이낸셜 테라피'

지금까지 파이낸셜 테라피가 탄생한 배경과 파이낸셜 테라피로 얻을 수 있는 것, 그리고 파이낸셜 테라피의 리스크를 이야기했다. 이제부터는 내가 제공하는 '웰스 파이낸셜 테라피'가 어디에 기반을 두고 있는지 간단히 소개하겠다.

실무 경험으로
쌓은 금융 지식

나는 17년간의 금융 실무 경험과 증권 외무원(투자 상담사), 재무설계사 자격증을 취득해 쌓은 지식, 26년간의 개인 투자 경험을 바탕으로 재무 프로그램을 만들고 있다. 구체적으로 보면 다음과 같다.

① 외국계 투자 은행에서 얻은 실무 경험과 지식

- 각 금융 상품의 특징과 리스크

- 경제, 금융, 증권 시장의 지식

- 금융 리스크를 능숙하게 관리하는 방법

② 증권 외무원, 재무설계사 자격증을 취득해 쌓은 지식

- 주식, 채권, 투자 신탁, 선물과 신용 거래 등 금융 상품에 관련된 지식

- 금융 상품 거래법 등 금융 관련 법령

- 인생 계획

- 자산 상황과 자금 계획

- 절세 계획 등

③ 26년간 개인 투자를 하며 실천하고 있는 자산 운용

- 안전한 자산 운용의 개념과 전략

- 자산을 배분하는 방법

- 금융 상품을 선정하는 기준

①과 ②는 내가 자산을 운용할 때 활용했을 뿐만 아니라, 세계적인 금융기관에서도 사용하는 효과적인 방법이다. 그리고 당연히 나는 강의에서 개별 종목 선정 등의 투자 조언을 하거나, 금융 상품과 보험을 판매하거나 권유하지 않는다.

부족한 부분을 채워준
뇌과학과 심리학

웰스 파이낸셜 테라피는 NLP 방식에 근거해 상담, 심리 치료, 조언 등을 하고 있다.

NLP란 신경 언어 프로그래밍(Neuro Linguistic Programming)의 약자로, 1970년대 초반에 새롭게 개발된 분야다. 간략히 말하면, NLP는 인간이 무의식적으로 어떻게 정보를 처리하는지 파악하고, 더 나은 방향으로 나아갈 수 있도록 돕는 과학적인 방법이다.

미국의 빌 클린턴 전 대통령과 버락 오바마 전 대통령, 영국의 토니 블레어 전 총리 역시 연설에 NLP를 활용했으며, 세계적으로 인정받는 변화 심리학의 권위자 앤서니 로빈스(Anthony Robbins)도 이 방식을 활용하고 있다.

특히 4장에서 소개할 방법들은 NLP금융클리닉을 기초로 하여 개발했다.

NLP금융클리닉을 처음 들어본 사람도 있을 것이다. 'NLP금융클리닉'은 NLP의 세계적 권위자인 팀 할봄(Tim Hallbom)과 크리스 할봄(Kris Hallbom)이 개발한 프로그램이다. 나는 2019년에 그들에게 직접 배우고, NLP금융클리닉이 승인한 정식 트레이너가 되었다.

NLP금융클리닉은 팀과 크리스가 미국 월스트리트의 주식 트레이더에게 '트레이딩할 때 냉정함을 유지하기 위한 코칭'을 의뢰받고 개발되었다. 충분한 트레이딩 훈련을 받고 힘든 면접까지 마쳤더라도, 주가가 폭락하거나 폭등할 때 냉정함을 유지하지 못하는 사람이 있었기 때문이다.

'주가 변동이 클 때 냉정함을 유지하는 사람과 그렇지 못하는 사람의 차이는 무엇일까?'

이 차이를 밝히기 위해 팀과 크리스는 NLP를 활용해 계속해서 연구했다. 그 결과, 갑작스러운 상황에서 냉정함을 유지하지 못하는 근본적인 원인은 **단순히 성격 차이가 아니라, 어린 시절부터 만들어진 '돈에 대한 부정적인 선입견'이라는 사실을 깨달았다.**

그리고 매우 중요한 사실도 알아냈다. NLP를 활용해 신념에 담긴 무의식을 살펴보고, 부정적인 선입견을 긍정적인 신념으로 바꿀 수 있다는 것이다. 그렇게 하면 돈 문제뿐만 아니라 어떤 상황에서든 냉철하게 자신이 원하는 상태를 유지할 수 있다.

이렇게 탄생한 NLP금융클리닉은 누구나 실천하기 쉽고, 문제 상황을 해결할 강한 힘을 갖고 있다. 그 덕분에 전 세계인의 지지를 받았고, 현재는 20개국 이상에서 가르치고 있다.

NLP금융클리닉에 나의 경험을 녹여 탄생한 방법이 '웰스 파이낸셜 테라피'다. 웰스 파이낸셜 테라피는 파이낸셜테라피협회와 같은 윤리 규정을 마련했으며, 꾸준히 내용을 보완하며 개선하기 위해 노력하고 있다.

일대일 지도가 기본 방식이기 때문에 강의 내용은 고객의 요청사항에 따라 달라진다. 따라서 이 책에서는 주로 돈을 대하는 가치관을 파악하는 방법을 소개하겠다.

이어지는 3장에서는 가치관에 맞는 인생 계획은 무엇인지 생각해보겠다. 그리고 4장에서는 직접 질문에 답하며 자신이 가진 가치관과 미래에 이루고 싶은 생활을 이해하고, 그 꿈을 이루기 위한 인생 계획을 세워보자.

FINANCIAL THERAPY

웰스 파이낸셜 테라피는 뇌과학에 기반을 두고 있다. 웰스 파이낸셜 테라피로 돈에 관한 가치관과 마주하고, 인생 계획을 세워보자.

THE
BRAIN
SCIENCE
OF
MONEY

3장

돈을 모으는 뇌,
돈을 버리는 뇌

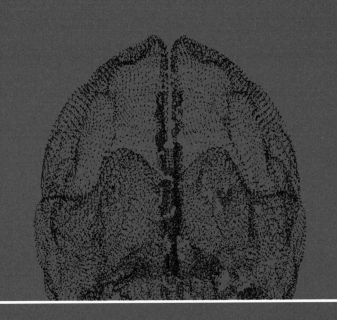

뇌는 놀라운 장기다. 뇌는 아침에 일어나는 순간부터
활동하기 시작해 사무실에 도착하기 전까지
그 활동을 멈추지 않는다.

로버트 프로스트(Robert Frost)

누구나 돈에 대한
부정적인 마음이 있을까?

이번 장에서는 돈을 대하는 가치관을 파악하는 데 필요한 개념들을 살펴보겠다. 아마 '돈을 대하는 가치관이 도대체 뭐야?'라며 머리를 긁적이는 사람이 많을 것이다. **'돈을 대하는 가치관'이란 돈에 관한 전반적인 사고방식**을 뜻한다. 여기에는 '돈에 관한 신념'도 포함된다. 이때 '신념'은 사실 여부와는 관계없이 자신이 믿는 것이다.

  자신이 어떤 가치관을 가졌는지 알고 싶다면 다음 질문들에 답해보면 된다.

'돈을 쓸 가치가 있는 것은 무엇인가?'

'나는 돈을 어떻게 생각하는가?'

'나에게 돈이란 무엇인가?'

이 질문들에 명확히 답할 수 있는 사람은 많지 않다. 가치관은 무의식중에 생기는 경우가 많기 때문이다. 다음 순서를 차근차근 따르면, 자신의 신념은 물론이고 마음에 소중히 새기고 싶은 가치관도 깨달을 수 있다. 그리고 그 가치관에 맞는 인생 계획을 설계할 수 있다. 그러니 꼭 한번 시도해보기를 바란다.

① 4장의 내용을 따라 하면서 가치관을 파악한다.
② 나에게 맞는 가치관을 선택한다.
③ 가치관에 따른 인생 계획을 설계한다.

이제 본격적으로 가치관과 인생 계획이 무엇인지 알아보자.

누구나 돈 때문에 감정적으로 변할 수 있다

돈 때문에 감정이 격해진 적이 있는가? 또는 '미래에 돈이 없을까 봐 불안해서 견딜 수 없다', '돈이 생기면 기분이 좋아져서 금방 전부 써버린다' 같은 경험을 해본 적은 없는가?

평소에는 화목한 가족인데 돈 이야기만 하면 싸운다거나, 매우 친절한 사람이 돈 이야기만 나오면 갑자기 속을 알 수 없게 변한다거나,

이 외에도 돈 때문에 다른 사람과 다툰 경험이 있을지도 모른다.

이런 경험을 했어도 '돈과 감정'이 연결되어 있다는 사실을 깨닫는 사람은 많지 않다. 하지만 돈은 우리가 살아가는 데 꼭 필요한 존재며, 감정은 무의식적으로 돈과 연결되어 있다. 그리고 여러 번 말했듯 감정과 뇌는 밀접한 관련이 있다.

앞에서 소개한 재무 심리학의 선구자 브래드 클론츠와 테드 클론츠는 **사람은 크든 작든 '화폐 장애(돈에 대한 부정적 마음)'를 가지고 있다**고 말했다. 그 문제가 커지면 낭비처럼 나쁜 습관을 반복하게 된다. 머리로는 알고 있지만 그만둘 수 없는 악순환에 빠지는 것이다.

이 책에서는 클론츠 부자가 쓴 책《마인드 오버 머니(Mind Over Money)》에서 주장한 '세 가지 화폐 장애'에 따라, 사람이 돈 때문에 감정적으로 변하는 사례를 살펴보겠다.

화폐 회피 장애
(Money Avoidance Disorders)

첫 번째는 **돈을 거부하거나 회피하는 상태**다.

'돈은 무섭다', '돈은 악의 근원이다'처럼 돈을 부정적으로 생각하는 신념이 돈을 회피하는 직접적인 원인이다. 과거에 돈에 얽힌 부정적인 사건을 경험했을 때 발생하기 쉽다. 구체적인 예를 살펴보자.

① 지나치게 아낀다

일본은 근검절약을 미덕이라고 여기는 문화가 있다.

저렴한 가격 대비 품질이 좋은 제품인 쁘띠프라(プチプラ)가 유행하고, 알뜰한 요리법이나 1,000원 상점을 이용하는 등 절약하기 위한 정보가 많다는 데서도 이런 분위기를 엿볼 수 있다.

나 또한 아버지에게 검소한 사고방식을 물려받아 가성비를 중요하게 생각한다. 하지만 도가 지나치면 정신 건강에 좋지 않다.

예전에 "구두쇠 같은 저를 바꾸고 싶어요"라면서 강의를 들으러 온 수강생 A가 있었다. A의 가족은 3명으로, 가족 모두가 평소에도 절약에 힘쓰며 검소하게 살고 있었다. 그런데 아이가 조금 크자 "엄마는 너무 아껴!"라고 말했다. 아이의 말을 듣고 A는 처음으로 자신과 돈의 관계를 생각해보았다. 그리고 강의를 듣고 한 가지 깨달음을 얻었다고 말했다.

"아무래도 제가 돈의 지배를 받고 있나 봐요. 돈을 쓰면 죄책감을 느끼거든요."

A는 돈을 쓰면 나쁜 짓을 하는 느낌이 들어서 쇼핑할 때도, 식사할 때도, 무의식적으로 돈이 적게 드는 쪽을 선택하고 만다. 그리고 순수하게 즐기거나, 감사의 인사를 전할 때, 실력을 키우기 위해 돈을 써야

할 때도 기쁜 마음으로 돈을 쓰지 못했다.

그 이면에는 '돈이 없어진다는 불안'이나 '돈이 충분해도 사라지지 않는 결핍' 등이 숨어 있다. 근검절약은 미덕이다. 하지만 이런 불안 감에 지배당하고 있다면, 아무리 돈이 넉넉해도 풍요로운 삶을 살 수 없다.

② 지나치게 리스크를 피한다

앞에서도 설명했듯이 리스크에는 대표적으로 시장 리스크, 신용 리스크, 유동성 리스크가 있다. 그런데 리스크를 지나치게 두려워하면 냉정한 판단을 할 수 없다.

"예전에 주식으로 크게 손해를 보고 투자를 그만두었어요. 이번에 는 제대로 공부해서 다시 투자를 시작하고 싶습니다."

개인 상담을 받으러 온 B는 진지한 표정으로 이렇게 말했다. B는 이전에 제대로 공부도 안 한 채 흉내 내듯 주식 투자를 했었다. 그러나 2008년 리먼사태로 시작된 세계 금융위기의 영향으로 주가가 폭락 하자 공황 상태에 빠져 모든 주식을 매각했다. 그 결과, 50% 가까이 손실이 생겼고 그 뒤로 투자하기가 무서워서 예금과 적금만 했다.

언뜻 보면 올바른 대응처럼 보인다. 하지만 사실 B는 경기가 회복 될 때 돈을 벌 기회를 놓친 셈이다.

예를 들어, B가 미국의 대표 주가지수인 S&P500에 투자했다고 해보자. 2008년에 약 1,600달러였던 S&P500은 리먼사태로 절반 가격인 약 800달러까지 급락했다. 이때 B는 자신이 가진 주식을 전부 매각했지만, 2021년 10월 28일 기준 S&P500의 주가는 약 4,600달러가 되었다. 만약 B가 이때까지 매각하지 않았다면, 주가는 세계 금융위기 직전의 2.5배 가까이 되었을 것이다.

2007년부터 2021년까지 S&P500의 주가 변동을 그래프로 확인할 수 있다.

S&P500 지수의 추이

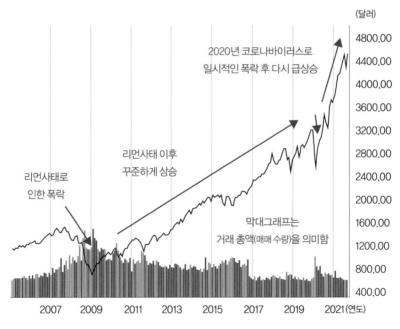

출처: Trading View

투자 유형에 따라 손해를 감수하더라도 매입한 금액보다 낮은 금액에 팔아야 할 때도 있다. 그러나 **10년 이상 장기간 일반적인 주가지수에 투자한다면 주가가 떨어져도 당황할 필요는 없다.**

이후에 B는 투자 대신 저축을 했지만, 저금리 시대라 이자는 거의 붙지 않았다. 리스크를 지나치게 두려워한 마음이 저점일 때 매입한 금액보다 낮은 가격으로 팔게 했고, 경기가 회복된 후에 자산이 2.5배 불어날 기회를 놓치게 만든 셈이다.

아마 이런 사례는 전 세계적으로 많을 것이다.

반면 '처분 효과(Disposition effect)'를 보이는 경우도 많다. 처분 효과는 하락하는 주식은 팔지 않은 채 오랫동안 가지고 있고, 상승하는 주식은 너무 빨리 파는 현상을 말한다. 이 또한 손해를 피하고 싶은 심리 때문에 보이는 비합리적인 행동이다. '기분 효과'라고도 부른다.

③ 돈을 외면한다

가족이 아닌 다른 사람과 돈 이야기를 하는가? 돈은 민감한 주제라 이야기를 꺼내기 쉽지 않다.

특히 일본 사람들은 돈 이야기를 별로 나누고 싶어 하지 않는다. 서로의 주머니 사정을 알게 되면 껄끄러워지기 때문이다. 그러나 가족이나 배우자와도 돈 이야기를 하지 않는다면 돈을 회피하는 상태일 수 있다.

예를 들어, 매달 필요한 생활비나 자녀 교육비, 저축 방법 등을 상의

할 마음도 들지 않고, 통장 잔액이나 신용카드 납부액을 확인하지 않으려고 하기도 한다. 이런 마음 깊은 곳에는 '돈은 더러운 것이다', '돈을 생각하면 두렵다'처럼 선입견이 숨어 있다.

화폐 숭배 장애
(Money Worshipping Disorders)

———

두 번째는 **'돈을 숭배하는 마음'**이다.

'돈이 많으면 분명 행복할 거야'라고 생각한 적이 있지 않나? 나는 사업을 시작하기 전까지 그렇게 생각했다. '돈만 있으면 행복해'라고 생각하지는 않았지만, 살면서 겪는 문제 대부분은 돈으로 해결할 수 있다고 믿었다. 그러나 뇌과학을 배우면서 '돈과 행복'의 관계를 다시 생각하게 되었다.

특히 코로나바이러스 전후로 풍요로움의 정의가 크게 달라졌다. 2020년 이전에는 연봉이나 재산 규모, 사회적 지위 등을 풍요로움의 기준으로 보았다. 하지만 코로나바이러스가 퍼지고 나서는 가족 모두 몸과 마음이 건강하고, 생활을 유지할 수 있을 만큼의 돈이 있어야 진짜 풍요로운 상태라고 생각하는 사람이 많아졌다.

풍요로운 상태를 정의하는 기준은 사람마다 다르다. 그래서 어떤 기준이 정답이라고 단언할 수는 없다. 다만, 돈이 전부라는 듯이 돈을 숭배하는 태도는 옳지 않다. 돈으로 기분을 잠깐 좋게 만들고, 마음을 채우려고 하는 나쁜 습관이 생길 수 있기 때문이다. '내 이야기 아니야?'라며 뜨끔했는가? 그래도 괜찮다. 이렇게 생각하는 사람이 전 세계에 많이 있다. 어떤 사례가 있는지 자세히 살펴보자.

① 낭비

돈이 생기면 바로 써버려서 정신을 차렸을 때 돈이 없는 사람들이 있다. 낭비하는 습관이 몸에 밴 경우다. 여기에는 도박 중독, 저축 강박 등이 있거나 크게 돈을 벌었을 때의 흥분을 잊지 못해 고위험 상품 위주로 단기 거래를 반복하는 사람도 포함된다.

실제로 저명한 뇌과학지인 〈행동과 뇌과학(Behavioral and Brain Sciences)〉에는 돈이 마약처럼 뇌의 보상체계를 촉진시킬 수 있다는 연구 내용이 실리기도 했다.

② 쇼핑 중독

머리부터 발끝까지 명품으로 무장해 유명인이 된 느낌을 맛보고 싶어 하는 사람이 꽤 많다. '파노플리 효과'도 이와 비슷한 경우다. 파노플리 효과는 어떤 물건을 사서 그 물건을 쓰는 집단과 자신을 동일시하는 현상을 말한다. 이를테면, 부유한 계층에 속하고 싶은 심리를 명품 브랜드의 옷을 사서 충족하는 셈이다. 그러나 이런 소비에 중독되면 안 된다.

사람은 누구나 다른 사람에게 잘 보이고 싶은 욕망이 있다. 실제로 그 사람이 쓰는 물건의 가격에 따라 상대의 태도가 달라지기도 한다. 다음 사례가 바로 그런 경우다.

평소 저렴한 등산용 배낭을 메고 다니는 C는 어느 날 명품 브랜드의 가방을 들고 외출했다. 그랬더니 가게에서는 정중한 대우를 받았고, 지나가는 사람들도 부딪히지 않기 위해 약간 거리를 두고 지나갔다. C는 평소보다 주변 사람들이 예의 있게 대한다는 느낌을 받아서 기분이 좋았다.

다만 이 기분을 계속 느끼려고 하면 쇼핑 중독에 빠질 수도 있다. 쇼핑 중독은 계속해서 쇼핑하다가 쇼핑하는 행위 자체가 목적이 되어서 충동을 막을 수 없는 상태다. 결국엔 빚을 지면서까지 쇼핑을 멈추지 못해서 파산하기도 한다.

자신이 지나치게 명품에 집착하고 있다면 그 물건을 사고 싶은 진짜 이유가 무엇인지, 물건을 사기 전에 곰곰히 고민해봐야 한다.

화폐 관계 장애
(Relational Money Disorders)

'화폐 관계 장애'라는 용어만 봐서는 어떤 문제인지 감이 안 잡힐 것이다. 구체적으로 살펴보자.

① 경제적으로 의존한다

다른 사람의 돈에 의존하는 상태다.

예를 들어, 경제적으로 독립하고 싶지 않거나 책임을 지고 싶지 않아서, 어른이 되어서도 부모에게 경제적 지원을 받는 경우가 여기에 속한다. 이런 상태는 다음으로 살펴볼 재정적 책임을 떠맡는 경우와도 관련이 있다.

② 재정적 책임을 떠맡는다

금전적으로 여유가 없는데도 경제적으로 기대는 사람을 거절하지 못하고 돈을 빌려주는 경우다.

경제적으로 독립할 수 있는 자녀에게 계속해서 부모가 돈을 보내주는 사례를 쉽게 볼 수 있다. 이는 자식과 좋은 관계를 유지하려고 건강하지 못한 경제적 지원을 하는 것이다. 그 이면에는 '돈을 주지 않으면 이 관계를 유지할 수 없다'라는 두려움이 숨어 있다.

③ 재정적으로 부도덕하다

가족들 모르게 대출을 받거나, 비싼 물건을 사고 가격을 낮춰 말하는 등 거짓말하는 상태다. 이런 사람들은 주변에 숨기고 예산을 초과하는 물건을 사거나, 리스크가 높은 투자에 몰래 손을 대기도 한다. 보통 이미 상대방과의 신뢰가 무너진 관계에서 발생하기 쉽다.

뇌과학 측면에서 거짓말은 조심해야 할 행동이다. 런던대학교 심리학과 탤리 샬럿 교수팀이 발표한 실험 결과를 보면, 거짓말을 할 때 뇌에 있는 편도체는 이를 막으려고 한다. 그러나 거짓말을 반복하면 편도체의 활동성이 떨어져 나중에는 더 큰 거짓말을 해도 크게 문제의식을 느끼지 않는다고 한다. 따라서 돈 문제와 관련해 작은 거짓말이라도 하고 있다면 주의할 필요가 있다.

④ 재정적으로 통제한다

부모가 본인의 욕구를 충족하고자 돈으로 자녀를 통제하는 경우다. 돈을 이용한 심리적 학대이기도 하다. 이런 학대를 받은 아이는 트라우마가 생길 가능성이 크다.

어른들끼리 해결해야 할 돈 문제에 자녀를 이용하는 경우를 예로 들 수 있다. 빚을 받으러 사람이 오면 자녀에게 "부모님은 지금 안 계세요"라고 거짓말을 하라고 강요하거나, 부모가 "네가 잘된 건 내 돈으로 잘 가르쳐서 그래!"라고 말하면서 자녀가 자기 실력으로 얻은 성과를 깎아내리거나, 번 돈을 착취하는 경우도 여기에 속한다.

돈 때문에 생기는 갈등은 매우 다양하고 복잡하다. 또한, 다른 사람에게 인정받고 싶고, 사랑받고 싶다는 욕구에 사로잡혀서 문제를 스스로 깨닫기 어렵다는 특징이 있다.

무엇보다 돈을 바르게 대하지 못하는 상태에서는 자신과 상대방 모두 정서적, 경제적으로 영향을 받아 인간관계가 망가지고, 마음에 깊

화폐 장애의 분류

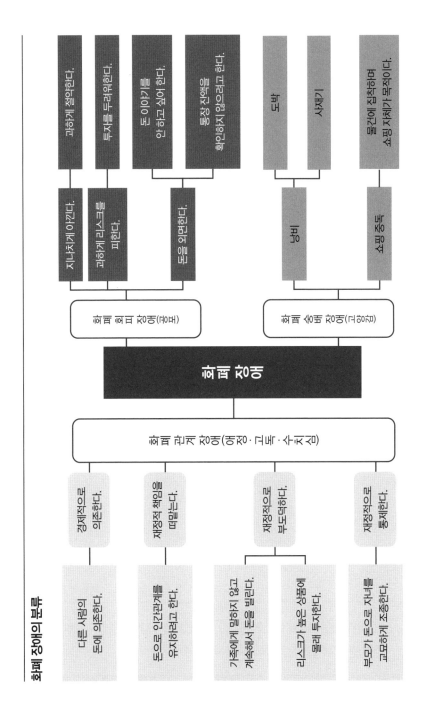

화폐 관계 장애(애정·고독·수치심)
- 경제적으로 의존한다.
  - 다른 사람의 돈에 의존한다.
- 재정적 책임을 떠넘긴다.
  - 돈으로 인간관계를 유지하려고 한다.
- 재정적으로 부도덕하다.
  - 가족에게 말하지 않고 계속해서 돈을 빌린다.
  - 리스크가 높은 상품에 몰래 투자한다.
- 재정적으로 통제한다.
  - 부모가 돈으로 자녀를 교묘하게 조종한다.

화폐 장애

화폐 회피 장애(공포)
- 지나치게 아낀다.
- 과하게 리스크를 피한다.
- 돈을 외면한다.
  - 과하게 절약한다.
  - 투자를 두려워한다.
  - 돈 이야기를 안 하고 싶어 한다.
  - 통장 잔액을 확인하지 않으려고 한다.

화폐 숭배 장애(중독성)
- 낭비
  - 도박
  - 사재기
- 쇼핑 중독
  - 물건에 집착하며 쇼핑 자체가 목적이다.

은 상처가 남는다. 만약 다른 사람과 돈 이야기를 하다가 갑자기 다툰 경험이 있다면 지금 살펴본 부정적 마음에 사로잡히진 않았는지 돌아보자.

돈과 감정은 아주 가까운 관계다. 혹시 '이거 내 이야기인데?'라고 느꼈더라도 자신을 탓할 필요 없다. 왜 잘못된 가치관을 갖게 됐는지 이 책을 읽고 돌아보면서 돈을 다루는 올바른 방법을 배우면 된다.

FINANCIAL THERAPY

자신의 감정을 뒤흔들 만한 돈 문제는 여러 상황에서 일어날 수 있다. 만약 그런 일이 생기면 자신을 탓하지 말고 차분하게 되돌아보자.

부자가 되는 가치관을
뇌가 만든다고?

돈 때문에 감정적으로 변하는 일은 생각보다 자주 생긴다. 그런데 똑같은 상황에서도 감정적으로 변하는 사람이 있고, 그렇지 않은 사람이 있다. 왜 똑같은 상황인데 사람마다 반응이 다른 걸까? 뇌를 보면 그 답을 알 수 있다.

인간 뇌의 90%는
6세 전에 완성된다

스캐몬의 성장곡선에 따르면, **뇌의 90%는 6세 전에, 나머지 10%는 12세 전에 완성된다.**

특히 6~9세는 빠르게 성장한 뇌를 탄탄하게 다지며 완성하는 시기라고 할 수 있다. 이때 읽기, 쓰기 등 수치화하여 측정할 수 없는 '비인지 능력'이 눈에 띄게 발달하고, 마음의 근육을 만든다. 예를 들면 자존심, 자존감, 자제력 등 자기를 단단하게 만드는 힘이나 협동심, 공감 능력, 도덕성 등 타인과 관계를 맺게 하는 힘을 기른다.

또한, 이 시기에는 주변에서 일어나는 일을 스펀지처럼 흡수한다. 따라서 부모나 가까운 사람들의 행동이 아이들에게 큰 영향을 준다. 만약 부모가 돈을 부정적인 신념으로 대하면, 자녀의 가치관에 나쁜 영향을 미치게 된다. 따라서 자녀를 부자로 만들고 싶다면 어릴 때부터 자녀의 뇌가 돈을 긍정적으로 보게 만들어야 한다.

스캐몬의 성장곡선

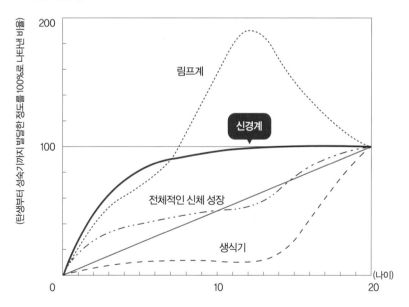

왜 같은 정보를
사람마다 다르게 해석할까?

현대사회는 IT 기술이 발달해 정보가 넘쳐난다. 현대인이 하루에 접하는 정보량은 9~12세기 사람들이 평생 접하는 정보량, 17~19세기 사람들이 1년 동안 접할 수 있는 정보량과 같다고 한다.

그러나 우리 뇌가 처리할 수 있는 정보량은 아주 일부에 불과하다. 그래서 인간은 무의식적으로 자신에게 필요한 정보를 선택해서 처리한다.

NLP 커뮤니케이션 모델에 따르면, **인간의 뇌는 외부에서 정보를 받은 다음 자체 필터를 거쳐 자신에게 필요한 정보를 받아들인다.** 그래서 똑같은 상황에서 같은 정보를 얻었다고 하더라도 사람마다 다르게 받아들이는 것이다.

필터는 여러 가지가 있는데, 돈과 관련된 정보를 처리할 때 자주 작동하는 필터는 세 가지다. 바로, 불필요한 내용을 배제하는 '삭제', 사실을 자신에게 유리하게 해석하는 '왜곡', 'A는 이렇다'라고 규정하는 '일반화'다.

필터는 기억, 가치관 등과 관련이 있다. 유소년기에 한 경험이 돈을 바라보는 시각을 만들고, 그 시각을 토대로 완성된 필터를 통과한 정보만 모아 행동할 가능성이 있다.

구체적인 사례를 보자.

외부에서 일어난 사건

30억 원짜리 복권에 당첨되었다.

A의 사례

- 부모님에게 "돈을 소중하게 여기며 허투루 쓰지 말고 모아라"라는 말을 들으면서 자랐다.
- 복권에 당첨되어 기쁘지만, 흥분한 마음을 가라앉힌다.
- 저축, 투자, 소비의 비율을 정해 계획을 세운다.
- 일단 저축부터 한다.
- 예산 안에서 원하는 물건을 사고, 나머지 금액은 미래를 위해 투자한다.

B의 사례

- 공돈이 생기자 부모님은 사치스럽게 돈을 쓰면서 기뻐했다.
- 복권에 당첨되어 '나는 운이 좋다'라는 생각에 기분이 좋아졌다.
- 돈을 펑펑 쓰기로 한다.
- 평소에 살 수 없는 비싸고 고급스러운 물건을 마구 산다.
- 정신을 차려 보니 가진 돈이 없다.

뇌는 어떻게 정보를 처리하는가?

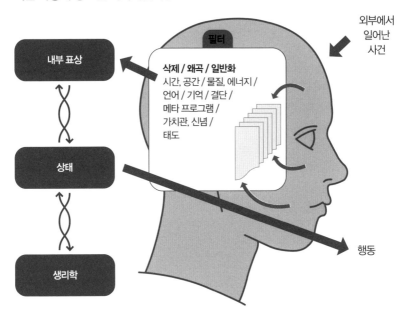

이렇듯 똑같은 사건을 겪어도 사람마다 다르게 행동하는 이유는 각자의 필터가 다르기 때문이다. 특히 부정적으로 생각하는 습관이나 트라우마가 있으면, 정보를 사실과 다르게 해석하는 '왜곡'이 작동하기 쉽다.

방금 살펴본 사례처럼, 좋든 싫든 부모의 금융 이해력이나 행동은 자녀가 돈을 대하는 가치관과 습관에 큰 영향을 준다. 따라서 자녀를 둔 사람은 자신과 돈의 관계가 건강한지 돌아볼 필요가 있다.

부모의 말버릇은
뇌에 강한 흔적을 남긴다

부모가 하는 말은 자녀에게 많은 영향을 미친다. 돈을 대하는 태도도 마찬가지다. 그렇다면 부모의 어떤 말버릇이 자녀의 가치관과 습관에 영향을 미치는지 구체적으로 살펴보자.

① 돈은 안 좋은 것이다

"우리 집은 돈이 없어."

"돈이 있으면 불행해져."

"자꾸 '돈, 돈' 거리는 건 부끄러운 행동이야."

이런 말을 무의식적으로 중얼거린 적 있는가? 실제로 형편이 어려울 때는 "돈이 없어"라는 말이 무심코 나온다. 하지만 그다지 경제적으로 어렵지 않은데도 입 밖으로 뱉을 때가 있다. 과거에 경제적으로 어려웠던 적이 있는 경우다.

부모에게 이런 말을 듣고 자란 아이는 '나는 돈과 인연이 없다'라는 가치관이 생겨, 구두쇠처럼 지나치게 아끼면서 살 가능성이 있다. 돈이 없다는 생각이 이미 어릴 때부터 뇌에 각인됐기 때문이다.

"돈이 있으면 불행해져"라는 말버릇을 가진 사람도 있다. 만약 부모가 서로 다른 경제관념 때문에 사이가 나빠져 이혼했다면 이런 선입견이 생길 수 있다.

부모에게 "돈이 있으면 불행해"라는 말을 습관적으로 듣고 자란 아이는 '돈은 불행의 근원', '돈은 악의 근원'이라는 부정적인 가치관이 자리 잡는다. 그래서 돈을 가지면 괴로운 감정에 휩싸이고 만다. 그 결과 돈을 외면하고 돈 관리를 원하지 않게 된다. 마찬가지로 부모에게 "돈은 좋지 않아"라는 말을 듣고 자란 자녀도 돈을 부정적으로 생각하기 쉽다.

돈은 살아가는 데 꼭 필요하다. 그래서 뇌가 돈과 관련된 올바른 판단을 내릴 수 있게 어릴 때부터 가르치는 일은 매우 중요하다. 따라서 부모의 말버릇, 즉 부모가 가진 돈의 가치관은 자녀가 가치관을 세울 때도 큰 영향을 미친다는 사실을 꼭 기억해야 한다.

② 투자는 위험하다

"투자는 위험하니까 하면 안 돼."
"투자는 도박이야. 적금이 가장 좋아."

개인 상담을 받으러 온 사람 중에도 이런 말을 듣고 자란 사람이 여럿 있었다. 가족이 투자했다가 큰 피해를 본 사람들이었다.

이런 환경에서 자란 아이는 '일하지 않고 얻은 재물은 오래가지 못한다', '일하지 않는 자, 먹지도 말라'라는 가치관을 만들어, 투자는 절대 하지 않고 오로지 저금만 하기 쉽다.

얼마 전 '도박을 좋아하는 남자친구 때문에 힘들어요'라는 SNS 게시물을 보았다. 자세히 살펴보니 남자친구가 적립식 비과세 투자를 활용한 투자를 하고 있었다. 남자친구는 미래의 자산 형성을 위해 시작하라며, 여자친구인 그녀에게도 권한다고 했다.

그녀는 남자친구가 투자 사기에 휘말렸을까 봐 걱정되어 부모님께 상담했다. 그녀의 부모님은 "투자는 도박이니 그만두게 해야 한다"라며 조언했다고 한다. 하지만 한 누리꾼은 "문제는 당신과 당신의 부모님에게 있습니다. 돈 공부를 하세요"라는 댓글을 남겼다.

이처럼 '투자는 도박'이라고 믿는 사람이 아직도 많다.

참고로 일본은 에도 시대(17세기~19세기)까지만 해도 투자 선진국이었다. 세계 최초의 선물 거래 시장도 일본에서 탄생했다. 그런데 메이지 시대(19세기 후반)에 들어서면서 나라를 강하게 만든다는 이유로 공업 국가를 목표로 삼았다. 이 목표를 이루기 위해 국민들은 초등학생 때부터 '근면 성실하게 일하고 저축에 힘쓰자!'라는 교육을 받았다.

또 전쟁 중에는 '전쟁을 위해서'라는 이유로 저축을 장려했고, 자연스럽게 투자 문화가 사라졌다. 이런 역사를 보면 일본인이 '저금이 최고'라는 가치관을 갖게 된 것은 자연스러워 보인다.

그러나 투자에 무관심해서는 안 된다. 건전한 투자는 풍요롭게 살기 위한 중요한 대비책이다.

③ 돈에는 힘이 있다

"명품을 걸친 나는 대단한 사람이야!"

"돈을 쓰니 기분이 좋아."

"인생은 돈이 전부야."

누구나 멋진 옷을 입으면 기분이 좋아지는 법이다. 다만 이런 말이 입에 붙을 정도로 돈이나 명품에 집착하고 있다면 주의해야 한다. 눈에 보이는 요소를 기준으로 사람의 가치를 평가하고, 돈이나 물건으로 마음의 구멍을 메우고 있는지도 모른다.

다음 사례를 보자.

C의 어머니는 아름다운 외모에 잘 꾸미는 편이다. 그녀는 나이가 들어서도 외모에 집착해, 고급 브랜드의 옷과 화장품을 사는 데 돈을 많이 쓴다.

"명품 옷을 입으면 기분이 좋아져요!"

"비싼 물건을 고민 없이 사면 기분이 끝내줘요."

그녀는 이런 말을 입에 달고 살았다. 또 쇼핑하러 갈 때마다 점원이 "너무 잘 어울려요! 모델 같아요. 옷에 어울리는 이 가방도 사는 건 어 떠세요?"라며 다른 물건을 추천하면 기분이 좋아졌다. 그렇게 점점 쇼핑 자체가 목적이 되고 말았다. 정신을 차리고 보니 모든 상황이 엉망이었다. 옷장은 백화점처럼 명품 옷들로 가득 차 있었고, 모아둔 돈은 바닥나 경제적으로도 힘들어졌다.

어릴 때부터 이런 어머니의 모습을 보고 자란 C는 어머니가 충동적으로 무언가를 살 때마다 반발심이 들었다. 하지만 사실 무의식에는 '부자는 훌륭하다', '돈으로 행복을 살 수 있다', '인생은 돈으로 결정된다'라는 가치관이 자리 잡고 있었다.

어머니의 습관에 반감이 있었는데도, C 또한 좋지 않은 일이 생길 때마다 쇼핑으로 스트레스를 해소했다. 결국 어머니처럼 소득보다 더 많은 돈을 쇼핑에 써서, 대출받은 돈이 눈덩이처럼 불어나고 말았다.

반대로 가난했던 어린 시절에 대한 반감이 낭비로 이어지기도 한다. 가난했던 기억이 너무 괴로워서 '내 아이에게는 가난한 기억을 주고 싶지 않아'라는 부모의 마음으로 오히려 명품에 집착하게 되는 것이다. 이런 생각도 '돈에는 힘이 있다'라는 가치관으로 이어질 수 있어 위험하다.

④ 돈은 다른 사람이 주는 것, 또는 다른 사람에게 주는 것이다

"나를 좋아한다면 돈을 줘."

"돈 좀 빌려주지 않을래?"

"넌 정말 구제 불능이구나!"

부모의 말버릇이 만드는 가치관과 습관

	부모의 말버릇	말버릇이 생긴 배경	가치관	습관
①	"우리 집은 돈이 없어."	갑자기 가족에게 닥친 불행한 사건 때문에 경제적으로 어렵게 생활했다.	나는 돈과 인연이 없다.	구두쇠처럼 지나치게 아긴다.
	"돈이 있으면 불행해져."	부모가 서로 다른 경제관념 때문에 사이가 나빠져서 이혼했다.	돈은 불행의 원인이다.	돈을 외면한다.
	"자꾸 '돈, 돈' 거리는 건 부끄러운 행동이야."	'돈은 안 좋은 것'이라고 배우면서 자랐다.	돈은 악의 뿌리다.	돈 관리를 원하지 않는다.
②	"투자는 위험하니까 하면 안 된다."	가족이 투자에 실패해 큰 손해를 입었다.	일하지 않고 얻은 돈은 오래가지 못한다.	투자하지 않는다.
	"투자는 도박이다. 저금이 최고다."	'투자는 도박'이 가훈이었다.	일하지 않는 자, 먹지도 말라.	오직 저금만 한다.
③	"명품을 걸친 나는 정말 대단한 사람이야!"	외적인 기준으로 사람의 가치를 평가한다.	부자는 훌륭하다.	낭비하고 도박을 한다.
	"돈을 쓰니 기분이 좋아진다."	쇼핑으로 스트레스를 푼다.	행복은 돈으로 살 수 있다.	쇼핑 중독이다.
	"인생에서 돈이 전부야."	빈곤했던 어린 시절에 대한 반발심이 있다.	인생은 돈으로 결정된다.	자신의 분수에 넘치는 물건을 계속 산다.
④	"나를 좋아한다면 돈을 줘."	애정 대신 돈을 받는 습관이 있었다.	돈은 애정의 표현이다.	경제적으로 의존한다.
	"돈 좀 빌려주지 않을래?"	경제적으로 자립하고 싶지 않아서, 스스로 돈을 벌지 않는다.	돈은 다른 사람이 주는 것이다.	돈으로 사람을 조종한다.
	"넌 정말 구제 불능이구나!"	자신의 가치를 부정당하며 자랐다.	나는 돈을 가질 가치가 없다.	돈을 다른 사람에게 바친다.

이런 말버릇은 정신적으로도, 경제적으로도 파탄으로 이어지기 쉬우니 주의해야 한다. 특히 아이들 앞에서는 절대 하면 안 된다. 이런 말버릇은 아이에게 '돈은 애정의 표시', '돈은 다른 사람이 주는 것', '나는 돈을 가질 가치가 없다'라는 가치관을 심는다. 그 결과 경제적으로 다른 사람에게 의존하거나, 다른 사람을 조종하려고 하거나, 경제적으로 여유가 없는데도 남에게 돈을 바치기도 한다.

이런 말버릇을 만드는 원인에는 몇 가지가 있다.

- 애정 대신 돈을 받는 습관이 있었다.
- 경제적으로 독립하고 싶지 않고, 돈을 벌 수 없다고 생각한다.
- 자신의 가치를 부정당하며 자랐다.

'부모의 말버릇이 만드는 가치관과 습관' 표를 보며 자신에게 해당하는 부분은 없는지 확인해보자.

FINANCIAL THERAPY

어린 시절의 경험들이 돈을 바라보는 시각을 만들고, 그 시각이 가치관을 만든다. 무심코 쓰는 안 좋은 말버릇이 있다면 고쳐보자.

나이 들어서 뇌가
굳었다는 변명은 그만!

일본 아이들이
학교에서 배우는 금융 교육

앞에서도 말했듯이, 일본에서는 2022년 4월부터 올바른 자산 형성 방법을 다루는 수업이 고등학교 필수 과목이 되었다. 민법에서 성인의 나이가 20세에서 18세로 낮아져서 생긴 변화다.

사실 일본의 금융 교육은 2005년에 시작됐다.

금융홍보중앙위원회는 2005년을 '금융 교육을 시작하는 해'로 규정하고, 2007년에는 초등학교, 중학교, 고등학교에서 금융 교육을 하기 위한 지도계획안을 마련하는 등 금융 교육을 추진했다.

그리고 2017년부터 시작된 학습 지도 요령 개정에 따라, 초등학생부터 고등학생까지 체계적으로 금융 교육을 받을 수 있도록 했다. 그래서 초등학교는 2020년 4월부터, 중학교는 2021년 4월부터, 고등학교는 2022년 4월부터 금융 교육을 하고 있다.

학교에서는 아이들이 배워야 하는 내용을 나이에 따라 네 가지로 분류해 가르친다. 각 분야와 중요한 개념을 자세히 보면 꽤 깊이 있는 금융 교육을 받는다는 사실을 알 수 있다.

① 생활 설계 및 가계 관리 분야

돈 관리와 의사결정, 저축의 의의와 자산 운용, 생활 설계, 사고·재해·질병에 대비하는 방법 등

② 금융과 경제 구조 분야

돈과 금융의 기능, 경제 파악, 경제 변동과 경제 정책, 경제 사회에서 해야 하는 다양한 과제 등

③ 소비 생활 및 금융 문제 방지 분야

독립적인 소비자 역할, 금융 문제, 다중 채무 등

④ 직업 교육 분야

일의 의의와 직업 선택, 삶에 대한 의욕과 활력, 사회에 대한 감사와 공헌 등

고등학생이 학교에서 배우는 금융 지식을 제대로 이해하고 있는가? 만약 자녀가 물어보면 대답할 수 있겠는가? 아마 자신 있게 답하기 어려울 것이다. 앞에서 소개한 '2022 금융 이해력 조사'도 이런 현실을 보여준다.

- 80% 이상의 사람들이 금융 지식에 자신감이 없다.
- 금융 교육을 받은 사람은 7%에 불과하다.
- 금융 상품을 구매한 사람 가운데 30%가 상품을 제대로 이해하지 못한 채 구매했다.

금융 교육에는 해결해야 할 문제가 있다. 첫 번째 문제는 '금융 교육을 할 수 있는 시간'이다. 고등학교에서 금융 교육을 받는 시간은 연간 6~8시간 정도다.

2022년 2~3월, 일본증권업협회가 한 '중학교(교원·학생)의 금융 경제 교육 실태조사'에서는 교원의 44%가 '수업 시수가 부족하다'라고 대답했다. 또한 '가르치는 사람의 전문 지식이 부족하다'라고 대답한 교원도 50%에 가까웠다. 정리해보면 이렇다.

- 학교에서 금융 교육을 하기 위한 수업 시간이 충분하지 않다.
- 아이들이 배우는 내용을 어른들이 이해하지 못한 상태다.
- 돈을 대하는 부모의 가치관이 자녀에게 이어진다.

금융 교육의 네 가지 분야와 중요한 개념

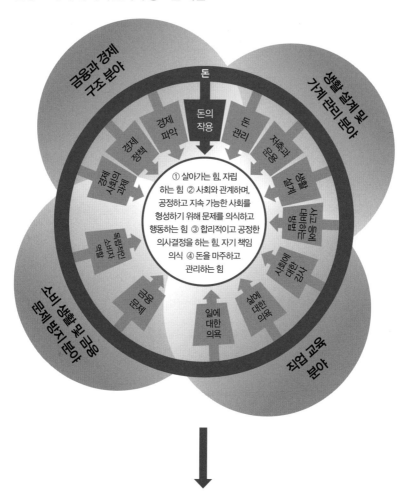

더 나은 생활과 사회를 만들기 위한 노력

출처: 금융홍보중앙위원회 '금융 교육 프로그램'(2016)

그래서 나는 **금융 교육이 아이들이 아니라 어른들에게 필요하다고** 생각한다. 학교에서 금융 교육을 하기 위한 수업 시수가 부족하다는 말은, 결국 가정에서 돈을 어떻게 인식하는지가 아이에게 더 큰 영향을 미친다는 뜻이기 때문이다.

누군가는 "나이 먹어서 뇌가 굳었어"라며 변명할지도 모른다. 하지만 캐나다 맥길대학교의 연구 결과를 보면 꼭 그렇지도 않다. 나이가 들수록 전두엽이나 두정엽 등 뇌의 여러 부분이 줄어드나, 신경망은 오히려 더 발달한 것이다. 즉, 잘 까먹을지언정 뇌 기능을 두루 쓰는 능력은 좋다는 뜻이다. 그러니 용기를 내서 천천히 배우기를 바란다.

어른이 올바른 금융 지식을
배우고 실천해야 본보기가 된다

부모의 소비 습관이나 가치관에 문제가 있으면, 아이들이 학교에서 아무리 좋은 내용을 배워도 실천하기 어렵다. 예를 들어, 아이가 학교에서 '돈은 계획적으로 써야 한다'라고 배워도, '우리 부모님은 충동적으로 돈을 쓰는데 엄청 즐거워 보여. 그러니까 나도 돈을 마구 써도 괜찮겠지'라고 해석할 수 있다.

나 역시 수십 년이 지난 지금까지도 어렸을 때 아버지에게 배운 대로 하고 있다. 예를 들면 다음과 같다.

- 돈은 눈앞에 있으면 써버리는 법이다. 그러니 당장 쓰지 않는 돈은 저금한다.
- 생일선물처럼 특별한 지출은 미리 계획을 세워 준비한다.
- 세제 혜택은 적극적으로 사용하면 이득이다.

아주 작은 습관이라도 수십 년 동안 꾸준히 지킨다면 큰 차이로 이어질 것이다.

금융 교육은 오랜 시간 동안 체계적으로 꾸준히 배워야 한다. 예를 들어, 투자를 시작하는 법뿐만 아니라 인생 계획 세우는 법, 돈을 쓰고 모으고 관리하는 습관까지 함께 배워야 삶에 적용할 수 있다.

또한, 인생의 단계에 따라 필요한 지식이 다르므로 그때그때 필요한 최신 정보를 바탕으로 배우고 실천해야 한다. 물론 자녀에게 경제를 가르치는 것은 중요하다. 하지만 어른들도 올바른 지식을 배우고, 나이와 시대에 맞게 지식과 행동 수준을 높여 자녀에게 본보기가 될 수 있도록 실천해야 한다.

FINANCIAL THERAPY

돈을 대하는 가치관을 다시 검토하고 올바른 지식을 배워야 바른 금융 습관을 갖출 수 있다. 기억하자. 배움에 너무 늦었을 때란 없다.

돈과 내 사이를
갈라놓는 것

부정적 신념은 꿈꾸는 모습과
멀어지게 만든다

아마 '돈 공부를 해야 해. 그런데 실천하기가 너무 어려워'라고 생각하는 사람이 많을 것이다. 나쁜 경제 습관이 있다는 사실을 알지만 고치지 못해서 고민하는 사람도 적지 않다.

'올바른 금융 지식을 배워서 꾸준히 돈을 모으고 싶다.'
'경제적으로도, 정신적으로도 풍요로운 삶을 살고 싶다.'

이런 바람을 이루지 못하게 방해하는 존재는 무엇일까? 바로 무의식적으로 작용하는 '신념'이다. **신념이란 '옳고 그름에 관계없이 자신**

이 마음속 깊이 믿고 있는 **고정관념**'이다. 가치관과는 다르다.

심리학 용어로는 '신념 편향(belief bias)'이라고 부른다. 이 책에서는 편의상 '신념'이라고 부르겠다. 신념이 부정적일수록 자신이 원하는 것을 손에 넣기 어려워진다. 반대로 긍정적인 신념이 있으면 자신이 바라는 상태를 쉽게 만들 수 있다.

'너무 당연한 말 아니야?'라고 생각하고 흘려들을지도 모른다. 하지만 돈뿐만 아니라 인생 전반에서 유용한 개념이니까 꼭 기억해야 한다. 이제부터 신념이 어떻게 형성되는지 심리학 관점에서 자세하게 살펴보겠다.

돈과 인생은 믿는 대로
흘러간다

한 번 만들어진 신념은 무의식에 머무른다. **특히 부정적인 신념은 스스로 깨닫고 바꾸지 않는 한, 인생을 좌우할 만큼 강한 힘을 갖는다.**

신념은 색안경과 같다. 빨간 렌즈의 안경을 끼면 세상이 빨갛게 보이고, 파란 렌즈의 안경을 끼고 세상을 보면 파랗게 보인다. 투명 렌즈의 안경이라면 본래의 색으로 보일 것이다. 이렇듯 신념은 세상을 보는 렌즈 역할을 한다.

구체적인 사례를 보자.

A의 사례

A는 보고서와 프레젠테이션 자료 작성 능력이 아주 뛰어나다. 그러나 발표할 때가 되면 딴사람이 된다. 사람들 앞에만 서면 얼굴이 새빨개지고 자꾸 손에 땀도 난다.

A는 '오늘은 반드시 프레젠테이션을 잘 끝내겠어!'라고 각오를 다지며 발표 자료를 완벽하게 준비했다. 그러나 발표를 시작하자마자 머릿속에 '매번 프레젠테이션에 실패했던 모습'이 스쳐 지나갔다. 결국 A는 극도로 긴장돼서 말이 잘 나오지 않았다. 설상가상으로 슬라이드와 다른 부분의 대본을 읽는 바람에 듣는 사람을 혼란에 빠트리고 말았다.

얼굴이 달아오른 A는 '역시 나는 프레젠테이션을 못해. 이번에도 실패했다'라고 생각했고, A의 신념은 더욱 강해졌다.

B의 사례

B는 보고서와 프레젠테이션 자료를 잘 만들지 못한다. 하지만 다른 사람들 앞에서 말하는 데는 자신 있다. 준비는 완벽하지 않아도, 실전에서는 잘 풀리는 경우가 많았기 때문이다.

B는 '오늘도 실전에서 잘될 거야!'라며 의욕을 불태웠다. 조금 부족한 슬라이드 자료로 발표를 시작하자마자 자료에서 작은 오류를 발견했다. B는 자료의 오류를 정정하며 사과했고, 듣는 사람들도 이해하고 넘어갔다.

B는 '역시 나는 실전에 강해. 다음에는 자료를 조금 더 공들여 만들면 더 좋은 프레젠테이션을 할 수 있겠어!'라고 생각했고, B의 신념은 점점 더 강해졌다.

두 사례를 보니 어떤가? '그러고 보니 나도……'라며 어떤 순간이 떠오를 수도 있다.

A는 완벽한 자료를 준비해 '오늘만큼은 프레젠테이션을 잘하겠어!'라고 생각했다. 하지만 '항상 발표에 실패한다'라는 신념이 작용해, 결국 그 신념대로 실패하고 말았다. 이렇게 부정적인 신념을 **제한적 신념**(Limiting Belief)'이라고 한다.

프레젠테이션에서 성공할지 실패할지는 실제로 해보기 전까지는 알 수 없다. 그러나 A는 항상 실패한다고 '믿어서' 감정과 행동이 부정적인 방향으로 끌려가고 말았다.

A처럼 중요한 일을 앞두고 불안에 떠는 사람이 많다. 시카고대학교의 심리학자 제라르도 라미레즈 연구팀은 불안과 관련된 흥미로운 실험을 했다. 이 실험의 키워드는 '불안'과 '쓰기'였다. 연구팀은 시험 직전 10분 동안 시험 때문에 불안한 마음을 적은 사람들과 안 적은 사람들의 성적을 비교했다.

두 그룹은 어떤 차이를 보였을까? 놀랍게도 시험을 보기 전에 불안한 마음을 적은 사람들의 성적이 올랐다. 그 이유는 불안한 마음을 적으면서 뇌의 작업 기억(방금 받아들인 정보, 현재 일어나고 있는 일을 일시적으로 기억하는 단기 기억)에 자리 잡은 불안을 없애고, 뇌가 시험에 더 집중하도록 만들었기 때문이다.

그러니 A와 같은 사람들은 프레젠테이션이나 면접 등 중요한 일을 하기 전에 불안한 마음을 직접 적어보라. 이렇게 심리학의 도움을 받아 제한적 신념을 조금씩 없애야만 한 걸음씩 나아갈 수 있다.

반면 B는 '실전에 강하다'라는 긍정적인 신념을 가지고 있다. 이것을 **'활력을 주는 신념(Empowering Belief)'**이라고 한다. B는 자신의 부족한 점을 크게 걱정하지 않았다. 오히려 '나는 사람들 앞에서 발표를 잘하고, 실전에 강하다'라는 긍정적인 신념에 시선을 주었다. 그 덕분에 위기를 훌륭하게 헤쳐나갈 수 있었다.

신념의 대상을 돈으로 바꿔 생각해보자. 만약 '돈은 더러운 것이다'라고 생각한다면 어떻게 될까? 돈의 부정적인 면에만 주목하기 때문에 뇌는 '돈이 더럽다는 것을 증명하는 정보'를 수집한다. 그래서 감정이나 행동도 신념대로 부정적인 방향으로 움직인다.

반면 '돈은 인생을 풍요롭게 해준다'라는 신념을 가지고 있으면 뇌는 돈의 긍정적인 면에 주목한다. 그 결과 풍요로워지기 위한 행동을 하게 된다.

이처럼 돈도 인생도 믿는 대로 흘러간다. 어떤 미래를 만들고, 인생을 살아갈지 그리고 돈을 얼마나 모을지도 모두 자기에게 달린 셈이다.

세 살 신념
여든까지 간다?

―――

그렇다면 신념은 언제 만들어질까?

여러 가지 가설이 있지만, 사회학자 모리스 매시(Morris Massey)의 연구에 따르면 **사람의 신념이나 가치관은 21세까지 형성된다**고 한다. '세 살 버릇 여든까지 간다'라는 속담처럼 어린 시절, 특히 7세까지의 영향이 가장 크다.

앞에서 본 '인간 뇌의 90%는 6세 전에 완성된다'라는 스캐몬의 성장곡선과도 거의 일치한다. 유년기의 경험이 인생에 얼마나 큰 영향을 주는지 잘 알 수 있다.

모리스 박사는 신념이나 가치관이 형성되는 기간을 세 시기로 나누어서 설명했다.

① 각인기(0~7세)

7세까지는 주변에서 일어나는 모든 일을 스펀지처럼 흡수하고, 그것을 진실이라고 뇌에 입력한다. 특히 부모의 영향을 강하게 받는다. 부모의 신념이나 가치관 그리고 생활 환경까지, 이 시기에 보고 듣고 느낀 모든 것이 신념과 가치관을 만든다.

그래서 "너는 매우 훌륭한 아이구나!"라는 말을 들으며 긍정적인 경험을 많이 한 아이들은 긍정적인 신념을 형성하고, 자기 긍정감 역시 높아진다. 돈을 대할 때도 마찬가지다.

하지만 부정적인 경험은 주의해야 한다.

"너는 정말 못된 아이구나!"라는 말을 듣고 자란 아이는 심각한 트라우마를 품게 된다. 부모가 아이 앞에서 '어리니까 모를 거야'라며 돈 문제로 자주 싸우거나 "돈은 불행의 근원이야!"라는 말을 습관적으로 하면 아이의 뇌는 부정적인 신념에 지배당한다.

아이의 뇌는 어른이 생각하는 것보다 훨씬 잘 흡수한다. 돈에 얽힌 나쁜 기억과 신념이 자녀의 뇌에 깊게 박힌다는 사실을 명심하라.

② 모델링기(8~13세)

이 시기가 되면 본보기가 되는 대상, 즉 롤모델을 찾아서 따라 한다. 이것을 '모델링'이라고 한다. 보통 존경하는 선생님이나 친구, 유명인이나 역사 속 인물 등을 롤모델로 정한다. 이 시기에는 각인기 때처럼 맹목적으로 믿지 않고, 롤모델의 가치관이나 행동이 자신의 기준과 맞는지 확인하면서 흡수한다.

동시에 그다지 좋아하지 않는 가치관이나 생활 방식도 명확해진다. 좋아하는 가치관과 그렇지 않은 가치관을 비교하면서, 자기 나름대로 해석한 신념을 만든다.

③ 사회화기(14~21세)

이 시기에는 주로 친구들에게 큰 영향을 받는다. 자신과 가치관이 비슷한 사람과 사귀는 한편, 인간관계가 넓어져서 다양한 가치관과 신념을 접할 기회가 늘어난다. 그리고 수많은 경험을 하며 긍정적인 신념과 부정적인 신념을 만든다.

이렇듯 사람은 다양한 경험을 통해 가치관을 만든다. 다만, 큰 사건을 경험하지 않는 한 자녀는 부모와 같은 신념을 가질 확률이 높다는 점을 기억해야 한다.

어떤 신념이 있는지부터 깨달아야 한다

여기까지 읽고 '내 신념을 몰라도 문제를 개선할 방법이 있지 않을까?'라고 기대할지도 모른다.

결론부터 말하면, **신념을 깨닫고 떨쳐버리지 않으면 근본적으로는 문제 행동을 개선할 수 없다.** '정말 그러고 싶지 않은데 또 했다'라며 문제 행동을 반복하고 마는 것이다. 왜 그럴까?

우리는 매일 의식과 무의식에 영향을 받아 의사결정을 한다. 의식은 자각하고 있는 상태고, 무의식은 깨닫지 못하고 있는 상태다.

그렇다면 의식과 무의식의 비율은 어떨까? 매우 놀랍게도 의식은 단 1~3%에 불과하고, 나머지 97~99%는 무의식이다. 즉 우리가 의

식할 수 있는 부분은 지극히 적다.

신념을 깨닫는 일은 무의식을 깨닫는 과정이다. 무의식에 무엇이 있는지 깨달아야만 비로소 근본적인 문제를 발견하고, 개선할 수 있다.

알면서도 못 멈추는 나쁜 습관을 예로 들어보자. 의식에서는 '하면 안 된다'라고 인지하지만, 무의식에 '나쁜 습관을 계속하고 싶은 이유'가 새겨져 있으면 그만두지 못한다.

지금까지 금융 교육은 이론 중심이었다. 그래서 무의식에 문제가 있으면 올바른 지식을 배워도 실천하지 못했다. 이제는 올바른 지식을 얻는 데서 그치지 않고, 무의식을 들여다봐야 한다. 파이낸셜 테라피만이 그 일을 할 수 있다.

4장에서는 먼저 무의식에 있는 신념을 깨닫고, 그 신념이 어떻게 가치관과 습관을 만드는지 냉철하게 살펴보자. 그리고 문제를 일으키는 원인을 찾아서 떨쳐버리자.

> 과거의 경험을 돌이켜보면 자기 자신을 괴롭히고 있는 신념을 찾을 수 있다. 그릇된 신념이 무엇인지를 알아야 변화를 맞이할 수 있다.

돈은 신념을
내려놓은 사람에게 간다

뇌도 내려놓기가
필요하다

신념을 깨달았다면 이제 그 신념을 내려놓아야 한다. '무언가를 내려놓으면 인생이 좋은 쪽으로 움직인다'라는 말을 들어봤는가? 그 뜻을 어느 정도 이해하는 사람도 있고, 종교적인 말처럼 느껴져서 의미가 와닿지 않는 사람도 있을 것이다.

뇌도 생각을 잠시 내려놓고 쉬면 기능이 더 향상된다. 미국의 뇌과학자 마커스 라이클 박사는 사람이 아무런 생각을 하지 않을 때 뇌에서 DMN(Default Mode Network)이라는 부위가 활성화된다고 밝혔다. 이 부위가 활성화되면 창의력이 올라간다는 연구 결과도 있다.

지금부터는 예시를 보며 신념을 왜 내려놓아야 하는지 알아보자.

① 단사리(斷捨離)

한때 일본에서는 '단사리'가 유행했었다. 단사리란 '끊고(斷), 버리고(捨), 벗어나기(離)'라는 뜻의 한자어다. 즉, 물건에 집착하는 마음을 버려 홀가분하고 쾌적한 삶을 얻으려는 생각을 표현한 말이다.

오래되거나 잘 입지 않는 옷들로 가득 찬 옷장을 떠올려 보자. 그 상태에서 새 옷을 사면 옷장에 못 넣고, 방 이곳저곳에 옷을 그냥 걸어둘 것이다.

하지만 사용하지 않는 물건을 줄이면 공간이 생기고, 그 공간에 새 물건을 수납할 수 있다. 즉, '끊고, 버리고, 벗어나기'를 자주 하면 옷장에 새 옷을 넣을 수 있고, 입고 싶은 옷도 금방 찾을 수 있다. 언제나 정리 정돈된 상태를 유지할 수 있기 때문이다. 옷에 집착하는 마음을 내려놓고 쾌적한 생활을 얻는 셈이다.

② 스마트폰 데이터 정리

새로 산 스마트폰은 속도도 빠르고 움직임도 매끄럽다. 앱도 많이 설치할 수 있고, 사진이나 파일도 마음껏 저장할 수 있다.

그런데 데이터를 전혀 정리하지 않은 채 스마트폰을 계속 사용하면 어떻게 될까? 앱이 너무 많아서 당장 써야 할 때 필요한 앱이 어디에 있는지 못 찾거나, 여행지에서 찍은 사진을 SNS에 올리고 싶어도 원하는 사진을 금방 찾을 수 없을 것이다.

이런 상태에서도 데이터를 정리하지 않고 계속 사용하면 어떻게 될까? 스마트폰에 과부하가 걸려서 조작할 때 반응 속도가 느려진다. 그야말로 혼돈 상태다. 그제야 데이터를 정리하려고 하면 쓸데없는 데이터가 너무 많아서 엄청난 시간과 노력을 들여야 한다. '불필요한 데이터를 주기적으로 삭제했더라면 계속 원활하게 사용할 수 있었을 텐데……'라며 후회하게 된다. 데이터 정리(내려놓기)를 미뤄서 문제가 커진 셈이다.

③ 자신에게 맞지 않는 사고방식과 습관

A는 어렸을 때부터 독창적인 생각이 넘치는 사람이었다. 그런데 자라면서 '모난 돌이 정 맞는다'라는 상황을 종종 경험했다. A는 주변 사람들에게 비웃음을 사거나 공격받고 싶지 않았다. 그래서 되도록 눈에 띄지 않기 위해 주변 사람들에게 맞추는 습관이 생겼다. 하지만 자신의 본래 모습을 계속 숨기다 보니 스트레스가 쌓였고, 몸이 안 좋은 날도 잦아졌다.

이후 A는 상담을 받고 자신이 '독창성'을 굉장히 중요하게 생각한다는 사실을 깨달았다. 그래서 자신의 타고난 모습을 감추고 주변 사람들에게 맞추는 습관을 버리고, 독창성을 살리는 취미 생활을 시작했다. 그랬더니 건강도 점차 회복되고 삶이 고단하다는 생각도 더는 안 들었다.

언뜻 보면 세 가지 예시에 아무런 연결고리가 없다고 생각할 수 있지만, 중요한 공통점이 있다. **불필요하거나 자신에게 맞지 않는 부분을 내려놓으니, 일이 원만하게 풀리고 상황이 좋아졌다**는 점이다. 반대로 안 좋은 상태를 방치하고 자신에게 맞지 않는 것을 붙잡고 늘어지면, 방금 본 A처럼 건강이 나빠지는 등 문제가 생긴다.

'무언가를 내려놓으면 인생은 좋은 쪽으로 움직인다'라고 말하는 이유가 바로 여기에 있다.

내려놓기의 기준을 정해라

그렇다면 어떤 기준으로 내려놓으면 좋을까?

물건에 집착하는 마음을 내려놓는 재미난 기준을 제시한 사람이 있다. 바로 일본의 유명한 정리 컨설턴트 곤도 마리에다. 그녀의 이름을 딴 '곤마리 정리법'은 일본뿐만 아니라 미국에서도 큰 인기를 얻었다. 재미나면서 효율적으로 정리해주는 기준 덕분이다. 곤도 마리에는 물건에 집착하는 마음을 내려놓을 때 '설레는가, 설레지 않는가?'를 기준으로 삼는다. 그녀는 쌓여 있는 물건을 하나씩 만지며 설레는지 확인한다. 설레지 않는 물건은 버리는 것이다.

'설렘'을 기준으로 정리하는 방법은 대상을 논리적으로 생각하기 쉬운 미국인들에게 직관적이고 참신하게 다가갔다. 또한, 실제로 물건이 줄어서 깔끔해질 뿐만 아니라 자연스럽게 마음도 정리할 수 있어서 더 인기를 얻었다.

그렇다면 마음에 쌓인 불필요한 사고방식이나 습관은 어떻게 내려놓으면 좋을까? 웰스 파이낸셜 테라피에서는 **'마음을 풍요롭게 해주는가?'를 기준**으로 삼아 내려놓는다.

무엇이 마음을 진정으로 풍요롭게 해주는가? 가족과 보내는 시간, 친구와 나누는 대화, 취미 활동을 하거나 자기계발을 하는 시간 등을 꼽을 수 있다.

반대로 무엇이 에너지를 빼앗는가? 가고 싶지 않은 술자리, 부부싸움, 많은 빚, 건강에 대한 불안 등이 있다. 또 잠깐 즐겁게 해주지만 장기적으로 봤을 때 해로운 것은 없는가? 군것질이나 과음, 스마트폰 게임이나 충동 구매처럼 '그만두고 싶지만 멈출 수 없는 행동'이 있는지 생각해보라.

단, 이때 '그래도 이렇게 해야만 한다'라는 고정관념에 얽매이면 안 된다. 그런 생각에 사로잡히면 무엇이 되었든 내려놓기 어렵다.

가치관을 선택할 때도 마찬가지다. '마음을 풍요롭게 해주는가?'를 기준으로 선택하면, 자신에게 정말로 필요하고 기분을 좋게 만드는 것만 남는다. 다른 사람의 기준이나 가치관, 에너지를 빼앗는 사고방식을 내려놓아라. 그러면 자신이 무엇을 진정으로 원하는지 명확해진다.

이처럼 신념을 내려놓고 타고난 가치관에 맞는 미래를 상상하면서 구체적인 인생 계획을 세워라. 그렇게 한다면 자신이 정말로 원하는 인생을 살 수 있다.

신념을 내려놓기가 어려울 수도 있다. 그렇더라도 자신을 해치는 신념과 천천히 마주하며 가치관을 알아가자. 더불어 뇌도 내려놓기가 필요하다는 사실을 기억하자.

돈을 모으려면 꿈꾸는 미래에서
거꾸로 계산하라

나를 해치는 신념을 내려놓고 진정한 가치관을 알았다면, 이제 그 가치관에 맞는 미래를 상상해보자. 가치관에 맞게 인생을 설계하는 과정은 다음과 같다.

① '인생의 수레바퀴'를 그려서 삶의 만족도를 이해한다.
② 인생에서 돈의 위치를 파악한다.
③ 소중한 가치관과 함께 삶의 만족도를 높이는 방법을 10년 단위로 생각한다.
④ 가치관에 맞는 미래를 즐겁게 상상한다.
⑤ 대략적인 인생 계획을 세운다.

이 과정을 보고 '미래를 즐겁게 상상하다니, 무슨 의미지?', '인생 계획은 구체적으로 세워야 좋지 않을까?'라는 의문을 가질 수도 있다. 계획은 구체적으로 세우라고 말하는 경우가 많으니 의문을 품는 것도 무리는 아니다.

일단 의심을 접고 이 과정을 차근차근 따라 해보자. 그러면 자신이 진정으로 원하는 미래를 실현하기 위해 어떤 목표를 세워야 할지 알 수 있다.

인생 계획은
대략적으로!

혹시 인생 계획을 세워 본 적이 있는가?

인생 계획이란 '몇 살에 어떤 생활 사건(Life event)이 있을 예정이고, 각 사건에 시간과 비용이 어느 정도 드는지' 등을 포함해 구체적으로 인생을 설계하는 일을 말한다. 대표적인 생활 사건으로는 취업, 결혼, 출산 및 육아, 내 집 마련, 노후 등이 있다.

인생 계획을 세울 때는 인생 계획표를 활용한다. 인생 계획표는 수입, 매달 지출하는 생활비, 저축액, 자녀 수와 교육비, 내 집 마련 비용, 노후 자금 등 사는 데 필요한 모든 숫자가 총집합한 표다. 그래서 숫자에 약한 사람은 거부감을 느끼기 쉽다.

또, 돈을 회피하는 경향이 있는 사람은 미래를 생각하면 불안해져서 인생 계획 자체를 세우지 않으려고 한다. 특히 젊은 세대는 10년, 20년, 30년 후의 미래를 상상하기 어렵다. 그러다 보니 계획을 세울 필요가 있다고 생각하더라도 세우기가 쉽지 않다.

그러나 인생 계획을 세우면 마음속에 안개처럼 끼어 있던 돈에 대한 불안감을 마주할 수 있다.

물론 내가 몇 살까지 살 수 있을지, 사는 동안 무슨 일이 일어날지는 알 수 없다. 또, 불확실한 미래 계획을 치밀하게 세우면 '계획대로 실행해야만 해'라는 압박감이 자기 자신을 옭아맬 수 있다. 미래를 생각하며 세운 즐거운 계획 때문에 스트레스가 쌓인다면 주객이 전도되는 꼴이다. 그래서 '인생 계획은 대략적으로 세우기'를 추천한다. 이때, 구체적인 금액은 다음 세 항목만 계획한다.

- 인생의 3대 지출인 주택 자금, 교육 자금, 노후 자금
- 매달 지출하는 금액
- 현재 자산 상황

그런 다음 자신이 원하는 미래를 두세 가지 유형으로 즐겁게 상상하면 된다. 예를 들면 이렇다. 70세가 되면 고향에 돌아가 느긋하게 지낸다거나 동남아로 이주해서 남은 삶을 산다거나, 아니면 은퇴하지 않고 꾸준히 일한다거나 어떤 미래든 좋다. 자신이 원하는 미래를 상상하자. 그리고 나서 매달 투자에 돈을 얼마 정도 쓸 수 있는지, 몇 살

까지 일할지와 같은 현실적인 문제를 생각하면 된다.

여기까지 했다면 '1년 후에 어떤 상태가 되고 싶은지' 미래의 자산 상황을 명확히 그려보자. 그리고 그것을 이루기 위해 3개월 후, 6개월 후에 어떤 모습이면 좋을지도 생각해보자.

'대략적인 인생 계획 세우기'는 혼자 간단히 할 수 있고, 가까운 미래의 일을 구체적으로 계획하기 때문에 실현할 가능성이 커진다는 장점이 있다. 자신의 가치관에 맞는 밝은 미래를 상상하면서, 틈틈이 대략적인 인생 계획을 재검토하자. 이 과정을 통해 자신이 원하는 미래를 손쉽게 만날 수 있을 것이다.

여기까지 읽고 나니 어떤가? 아직 미래가 희미하게만 보인다고 해도 괜찮다. 이 책을 끝까지 읽으면, 분명 누구든 자기 가치관에 맞는 인생 계획을 완성하고, 꿈꾸는 미래를 향해 첫걸음을 내디딜 수 있다.

FINANCIAL THERAPY

가치관에 맞는 미래를 상상하고, 그 미래를 현실로 만들 인생 계획을 세우자.
그러면 긍정적이고 효율적으로 자산을 운용할 수 있다.

THE
BRAIN
SCIENCE
OF
MONEY

4장

반드시
돈을 모으는
테라피 5가지

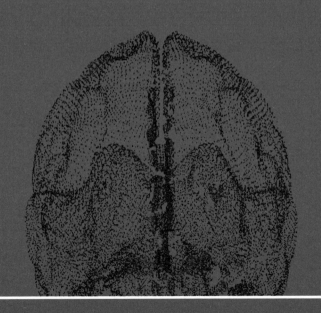

남의 말을 따라 하려면 교육이 필요하다.
그 말에 도전하려면 두뇌가 필요하다.

메리 페티본 풀(Mary Pettibone Poole)

파이낸셜 테라피를
시작하기 전에

돈의 가치관을 파악하려면 먼저 '돈을 대하는 신념'을 깨달아야 한다. 그다음으로 '불필요한 신념'을 내려놓는 것이 중요하다고 말했다. 뇌가 돈을 부정적으로 바라봐서 비합리적인 판단을 내리지 않도록 해야 하기 때문이다. 이 과정을 겪어야 자신이 진정으로 중요하게 생각하는 '돈의 가치관'이 명확해진다. 그리고 그 가치관을 바탕으로 인생 계획을 세우면, 돈과 원만하게 어울리며 진심으로 꿈꾸는 미래를 향해 내디딜 수 있다.

이제 본격적으로 돈의 가치관을 찾는 구체적인 방법을 알아보자. '무엇이 정답일까?'라며 초조해하거나 완벽하게 답하려고 하지 않아도 괜찮다. '왠지 이런 느낌인 것 같다'라는 생각으로 마음 편하게 해보자.

반드시
주의할 점

―――

지금부터 해볼 과정에는 사람에 따라서는 기억하고 싶지 않은 과거, 특히 어린 시절을 되돌아보는 단계가 포함되어 있다. 그래서 18세 이상을 대상으로 한다. 만약 18세 미만이라면 보호자와 함께 차분히 해보기를 권한다.

또 정신 질환이 있거나 신경 안정제 등을 복용 중이라면 반드시 담당 의사와 상의를 한 다음에 해야 한다. 정서적으로 불안하거나 건강이 안 좋다면 무리하지 말고 건강할 때 해보자.

FINANCIAL THERAPY

정답을 찾으려는 태도나 완벽하려는 마음을 버려라. 또한 육체적, 정신적으로 건강한 상태에서 해야 진정한 가치관을 찾을 수 있다.

돈과의 관계에서
문제를 찾아라

먼저 '나와 돈의 관계'와 '부모와 돈의 관계'를 알아본다. 간단한 인터뷰라 혼자서도 할 수 있다. 마음이 편한 장소에서 느긋하게 해보자.

함께 인터뷰할 수 있는 사람이 있다면 더욱 효과적이다. 나는 남편이랑 인터뷰를 하고 나서 경제관념으로 말다툼하는 일이 사라졌다. '부모님의 신념과 과거 사건에 내가 이렇게나 영향받고 있었구나'라는 사실을 깨닫고, 돈을 대하는 상대방의 가치관과 습관을 존중하게 되었다. 돈 이야기를 스스럼없이 나눌 수 있는 친구나, 심리학에 관심이 있는 지인이 있다면 같이 해봐도 재미있을 것이다.

우선, 천천히 심호흡하고 마음을 편히 가져보라. 모범 답안은 없다. 답은 사람마다 모두 다르다. 질문을 듣고 바로 떠오르는 생각이 자신의 정답이다. 다음 사항들을 머릿속에 새기고, 편한 마음으로 시작해보자!

- 논리적으로 생각하지 말고, 떠오르는 대로 대답한다.
- 최대한 어린 시절의 경험을 떠올린다. 어릴 적 별명이나 호칭으로 불리면 유년기의 자신을 떠올리기 쉽다. 만약 그럴 수 없다면 기억하는 범위에서 과거의 경험을 떠올린다.
- 혼자서 하는 경우, 어른이 된 내가 어린 시절의 나에게 말을 걸듯이 질문을 읽고 종이에 답을 쓴다.
- 두 명이 하는 경우, 질문을 받는 사람은 질문지를 보지 않고 인터뷰에 응한다. 상대에게 질문하는 사람은 종이에 답을 쓰고, 마지막에 상대방에게 전달한다.
- 답이 떠오르지 않을 땐 예시를 참고한다(만약 둘이 할 때 상대가 대답하지 못한다면, 질문하는 사람이 예시를 읽어준다).
- 마음이 지나치게 괴로워지면 즉시 중단한다.

인터뷰를 하고 나서 자신의 부정적인 신념을 처음 깨닫는 사람도 있을 것이다. 그러나 부정적인 신념을 발견했다고 낙담할 필요는 없다. 신념은 누구에게나 있으며, 그 신념이 만들어진 배경에는 긍정적인 이유가 있다. 대부분 **당시의 자신을 보호하기 위해 그 신념이 필요했을 것이다.**

그러니 자신을 탓하거나 부끄러워하지 말고, '힘들었지? 고생 많았어!'라고 애정을 담아 대해주기를 바란다.

인터뷰로 돈과의 관계 파악하기

Q1 돈과 당신의 관계를 만든 긍정적인 사건과 부정적인 사건은 무엇인가?

예시 • 초등학생 때 오빠와 함께 은행에 가서 계좌를 만들고, 세뱃돈을 저축했다.

• 계획적으로 용돈을 모아서 가족들의 생일선물을 준비했다.

• 대학 입학 직후, 아버지가 갑자기 돌아가셔서 경제적으로 어려워졌다.

Q2 당신의 부모님과 돈의 관계는 어떤가?
사실인지 아닌지는 관계없다. '이렇게 보인다'라는 당신의 생각을 말해도 괜찮다.

예시 • 아버지는 매우 검소하고, 돈을 소중히 사용한다.

• 어머니는 돈이 생기면 기분이 좋아져서 바로 써버린다.

• 두 분 다 구두쇠처럼 아낀다.

Q3 다음 문장을 완성해보라.
"나의 아버지(어머니)는 '돈은 ○○다'라고 생각했다."

예시 • 나의 아버지는 '돈은 고생해서 버는 것'이라고 생각했다.

• 나의 어머니는 '돈은 다른 사람이 주는 것'이라고 생각했다.

• 나의 어머니는 '돈은 꾸준히 모아야 하는 것'이라고 생각했다.

Q4 부모님의 '돈을 대하는 신념'이 당신에게 끼친 영향은 무엇인가?

예시 · 돈은 차곡차곡 모으는 것이다.

· 돈은 열심히 일해서 버는 것이다.

· 돈은 필요할 때 다른 사람이 주는 것이다.

Q5 다음 문장을 완성해보라.

"현재 나는 원하는 만큼 돈이 있다(또는 없다). 왜냐하면……."

예시 · 원하는 만큼 돈이 없다. 나는 아버지만큼 돈을 벌지 못하기 때문이다.

· 원하는 만큼 돈이 있다. 여유로운 생활을 하고 있기 때문이다.

Q6 당신이 원하는 만큼 돈을 모으려면 무엇을 해야 하나?

예시 · 자격증을 따는 등 새로운 기술을 습득한다.

· 승진해서 연봉을 올린다.

· 부업을 시작한다.

· 자산 운용을 시작한다.

Q7 당신이 원하는 만큼 돈을 벌지 못하게 하거나, 못 모으게 막고 있는 요소는 무엇인가?

예시 · 나는 돈을 벌 능력이 없다.

· 나는 어렸을 때부터 가난해서 돈과 인연이 없다.

- 돈을 가지면 바로 써버린다.

- 돈을 관리하기가 어렵다.

- 돈을 많이 가지기가 두렵다.

어떤가? 평소에 생각해보지 않은 질문들이어서 답하는 동안 뜻밖의 발견을 하지 않았는가? 과거를 되돌아보는 과정이 익숙하지 않거나 상황을 어렵게 생각하는 버릇이 있는 사람은 답하기가 쉽지 않았을 것이다. 나도 처음에는 질문에 답하기가 막막했다.

그래도 안심해라! 처음에 대답하기 어려웠던 사람은 다른 날 다시 해보면 된다. 먼저 자신의 마음에 솔직해질 수 있는 장소와 시간을 찾아라. 그리고 편안한 마음으로 몇 번 반복하다 보면 자연스럽게 답할 수 있을 것이다.

FINANCIAL THERAPY

자신의 가치관을 깨닫고 싶다면 말에 얽매이거나 단정 짓지 않도록 주의하자.

돈을 대하는
가치관을 파악하라

자, 드디어 본격적으로 '돈을 대하는 가치관'을 찾을 차례다.

자신이 돈을 어떻게 생각하는지 알아보자. 특히 자세에 따라 답이 어떻게 바뀌는지를 주목하자. 예를 들어, 즐겁게 뛰면서 대답할 때와 주먹을 불끈 쥐고 대답할 때는 전혀 다른 대답이 나올 것이다. 그러니 앞에서 한 인터뷰와 같은 방식으로 진행하되, 다음 사항을 주의하라.

- 두 명이 하는 경우, 질문하는 사람은 몸을 움직이며 질문을 읽는다. 대답하는 사람도 마찬가지로 몸을 움직이며 대답한다. 예를 들어, 생긋 웃으며 양손을 머리 위로 올리거나, 힘없이 손을 아래로 내리며 작은 목소리로 답한다.
- 1~25번 질문을 다른 동작으로 두 번 묻는다. 처음에 활기차게 움직였다면, 두 번째는 작은 동작으로 움직이는 등 확실히 차이가 나도록 움직인다.
- 첫 번째와 두 번째 인터뷰에서 다르게 답하는지 확인한다.

빈칸을 채워서 가치관 파악하기

1. 돈을 가진 사람은 _____이다.

2. 돈은 사람을 _____로 만든다.

3. 내가 만약 _____라면 돈이 더 많았을 것이다.

4. 아버지는 항상 돈을 _____라고 생각했다.

5. 어머니는 항상 돈을 _____라고 생각했다.

6. 우리 가족 사이에서 돈은 _____의 원인이었다.

7. 돈은 _____와 같다.

8. 만약 돈이 있다면, 나는 _____.

9. 만약 돈이 여유가 있다면, 나는 _____.

10. 돈은 _____가 아니다.

11. 내가 두려워하는 것은, 만약 돈이 있다면 _____.

12. 돈이란 _____이다.

13. 돈은 _____의 원인이 된다.

14. 돈이 있다고 해서 _____.

15. 돈을 더 벌기 위해 나는 _____할 필요가 있다.

16. 돈이 있으면 항상 나는 _____한다.

17. 내가 생각하기에, 돈이란 _____.

18. 돈을 조금 더 자유롭게 쓸 수 있다면, 나는 _____.

19. 사람은 돈을 _____라고 생각한다.

20. 누군가가 무일푼이 되었다는 것은 _____를 의미한다.

21. 사람이 가난한 이유는 _____ 때문이다.

22. 사람이 부자가 되는 이유는 _____ 때문이다.

23. 가난한 사람은 _____이다.

24. 부자는 _____이다.

25. 나는 어렸을 때, 누가 부잣집 아이고 누가 가난한 집 아이인지 알고 있
    었다. 나는 _____였다.

26. 내가 돈을 대하는 생각에 그 일이 _____ 영향을 미쳤다.
    (이 질문은 한 번만 해도 된다.)

어떤가? 흥미롭게도 가치관을 찾는 질문의 답도 사람마다 모두 다
르다. 예를 들어, 1번 질문 '돈을 가진 사람은 ○○이다'에 다음 답들
이 나왔다.

· 능력이 뛰어나다.

· 일을 잘한다.

· 거만하다.

· 속이 검다.

· 흑심이 가득하다.

또 12번 질문 '돈이란 ○○이다'에는 이런 답변들이 나왔다.

- 생계를 유지하기 위해 필요한 것
- 풍요로움의 상징
- 사랑
- 추악한 것

그리고 같은 질문이라도 긍정적인 자세를 취했을 때와 부정적인 자세로 대했을 때, 정반대의 답이 나오기도 했다. 몸을 사용하는 방식에 따라 뇌가 다른 기억과 경험을 참고하기 때문이다.

예를 들어, 2번 질문 '돈은 사람을 ○○로 만든다'를 들으며 긍정적인 자세를 취했을 때는 '돈은 사람을 행복하게 만든다'라고 대답한 사람이 있다. 하지만 이 사람은 부정적인 자세로 같은 질문을 들었을 때 '돈은 사람을 미치게 만든다'라고 대답했다.

뇌는 자세에 영향을 받는다

실제로 자세가 마음가짐에 영향을 미친다는 사실을 밝힌 연구 결과가 있다. 컬럼비아대학교 다나 카니(Dana R. Carney) 연구팀은 실험

참가자들을 두 그룹으로 나눠 게임을 하게 했다. 단, 한 그룹은 당당한 자세로, 다른 그룹은 움츠린 자세로 게임을 했다.

이 실험으로 어떤 사실을 알게 됐을까? 연구 결과에 따르면, 등을 쭉 펴고 당당한 자세를 취하면 긍정적이고 적극적인 마음이 들고, 코르티솔이라는 스트레스 호르몬도 감소한다고 한다.

미국 오하이오주립대학교 심리학과 연구팀의 논문도 이런 내용을 뒷받침해준다. 이 연구팀에 따르면, 평소 등을 구부정하게 구부리고 고개를 아래로 떨구고 있는 사람보다 바른 자세로 앉는 사람이 자신 감이 높다고 한다.

이처럼 **뇌는 자세에 영향을 받는다.** 그러니 평소에 어깨를 쫙 펴고 당당하고 힘찬 자세로 지낸다면, 긍정적인 생각을 하는 데 도움이 될 것이다.

FINANCIAL THERAPY

돈을 대하는 가치관을 찾는 과정에 정답은 없다. 마음속에 떠오른 생각을 솔직하게 대답하다 보면 가치관이 점점 뚜렷해진다.

뇌가 올바르게 판단하도록
가치관을 정리하라

자신이 돈을 어떻게 생각하고 있었는지 깨달았는가? 그럼 지금부터 자신의 가치관을 정리해보자. 가치관은 뇌가 무언가를 판단하고 행동하는 데 기준이 되기도 한다. 그러니 불필요한 신념이 있으면 내려놓자.

덧붙여 반드시 기억해야 할 사항이 있다.

'내가 어떤 가치관을 가졌는지 답을 알고 있는 사람은 나 자신뿐'이라는 점이다. 즉 내가 한 대답을 보고 스스로 깨달아야 한다. 특히 질문한 사람이 상대방의 가치관을 분석하거나 '이러이러한 가치관을 가졌구나'라면서 일방적으로 단정 지어서는 안 된다. '돈을 대하는 가치관'은 부모에게 물려받거나 과거의 경험에 영향을 받으며 스스로 세운 것이기 때문이다.

이제 자신의 가치관을 더 깊이 이해해보자.

① 어떤 가치관을 가졌는가?

인터뷰와 빈칸 채우기에서 한 답변 가운데 스스로 의외라고 생각했던 답변 3~5개를 골라보라. '의외다'라고 느낀 이유는 무의식의 영역에 있던 생각을 깨달았기 때문이다. 긍정적인 답변도 1~2개 정도 뽑아보자.

② 사실인지 신념인지 구분한다

①에서 선택한 답변은 사실인가, 아니면 신념인가? 단순한 사실이라면 그대로 받아들여라. 만약 자신이 굳게 믿고 있는 신념이라면 다음 순서로 넘어가라.

③ 긍정적인 신념인지, 부정적인 신념인지를 확인한다

그 신념은 마음을 풍요롭게 해주는 긍정적인 신념인가, 아니면 에너지를 빼앗는 부정적인 신념인가?

마음을 풍요롭게 하는 신념이라면 감사한 마음으로 계속 품고 있어도 괜찮다. 하지만 부정적인 신념이라면 '내려놓기 목록'에 적어라. 목록을 적는 방법은 간단하다. 자신이 가지고 있는 부정적인 신념은 무엇인지, 그리고 그 신념 때문에 생긴 나쁜 습관은 무엇인지 함께 적으면 된다. 이렇게 적은 내려놓기 목록은 맨 마지막에 버릴 것이다. 그러니 어디에든 실제로 적어두면 좋다.

'내려놓기 목록' 예시

부정적인 신념	부정적인 습관
돈을 가진 사람은 거만하다.	돈이 충분히 있어도 부족하다는 생각이 든다.
돈은 스스로 자유롭게 사용하는 것이 아니다.	내 돈이라도 자유롭게 쓰면 안 된다는 생각이 든다.
사람들은 돈을 추악한 것이라고 생각한다.	돈을 관리하고 싶지 않다.

④ 신념이 생긴 이유를 분석하고, 그저 신념일뿐이라고 인정한다

우선 부모님이 가진 '돈을 대하는 신념'이 자신에게 미친 영향을 확인한다. 만약 이것이 원인이 아니라면, 다른 요인을 찾아보자. 몇 가지 예시를 보여주겠다.

- 부모님이 사업에 실패해서 하루아침에 부자에서 거지가 되었다(돈은 갑자기 없어지는 것이다).
- 몰래 내 저금통에서 돈을 꺼내 과자를 사러 갔다가 부모님께 혼났다(자기 돈이라도 마음대로 쓰면 안 된다).
- 부모님께 세뱃돈을 맡겼더니, 생활비로 사용해서 돈이 몽땅 사라졌다(돈은 다른 사람에게 빼앗기는 것이다).

이때 **'부정적인 신념은 사실이 아니라 자신의 확고한 믿음일 뿐'**이라는 점을 분명하게 의식해야 한다.

⑤ 그 신념으로 생긴 습관이 무엇인지 생각해본다

낭비하거나, 돈을 쓰면 죄책감을 느끼거나, 돈을 관리하고 싶지 않다거나, 일이나 기부를 하며 사회에 공헌하는 등 돈에 얽힌 습관을 떠올려 보자. 또 ③에서 발견한 신념 때문에 생긴 습관이나 행동은 없는지 확인해보자.

가치관은 행동에 큰 영향을 미치므로 사소한 습관이라도 만들었을 것이다. 빨리 못 찾아도 괜찮으니 깊게 고민해보길 바란다.

⑥ 그렇게 생긴 습관을 유지하고 싶은지 생각해본다

만약 싫다면 '내려놓기 목록'에 적는다. 판단하기 어려울 때는 자신이 존경하는 사람이나, '이상적인 나'라면 어떻게 대답했을지 상상해보자.

습관을 유지하고 싶은 이유(또는 유지하고 싶지 않은 이유)를 논리적으로 설명하지 못해도 괜찮다. 너무 많이 생각하면 오히려 판단하기 어려울 때도 있다. 자신의 직감을 믿어라.

⑦ 필요하지 않은 신념이나 버릇은 내려놓는다

여기까지 실천했다면 돈을 대하는 가치관은 모두 정리되었다! 이제 불필요한 신념과 습관을 '내려놓기 목록'에 적어라. 그리고 "지금까지 고마웠어. 오늘로 이별이야. 안녕!"이라고 말하면서 목록을 구겨서 휴지통에 버려라.

'가치관 정리 목록' 예시

가치관	사실 혹은 신념	긍정적 신념 혹은 부정적 신념	신념은 왜 생겼는가?	신념으로 생긴 습관은 없는가?	습관을 계속 유지하고 싶은가?
돈을 가진 사람은 거만하다.	신념	부정적 신념	어렸을 때, 잘사는 아이들이 '가난한 집 아이'라며 놀렸다.	돈이 충분히 있어도 부족하다는 생각이 든다.	아니요
돈은 스스로 자유롭게 사용할 수 있는 것이 아니다.	신념	부정적 신념	어렸을 때, 부모님 몰래 내 저금통에서 돈을 꺼내 과자를 사러 갔다가 혼이 났다.	내 돈이라도 자유롭게 쓰면 안 된다는 생각이 든다.	아니요
돈은 생활하기 위한 수단이다.	사실	—	—	—	—
사람들은 돈을 추악한 것이라고 생각한다.	신념	부정적 신념	어머니가 "자꾸 '돈, 돈' 거리니까 창피하다"라며 돈을 회피했다.	돈을 관리하고 싶지 않다.	아니요
돈으로 행복을 살 수 있다.	신념	부정적 신념	"돈을 써야 행복해 진다"라는 말을 들으며 자랐다.	쇼핑에 중독됐다.	아니요
돈은 다른 사람이 주는 것이다.	신념	부정적 신념	부모님이 조부모님께 돈을 받으며 생활했다.	친구에게 돈을 자주 빌린다.	아니요
부자가 되는 이유는 사회에 공헌하기 때문이다.	신념	긍정적 신념	존경하는 선배가 사회에 공헌하여 사업에서 큰 성공을 거두었다.	일이나 기부를 해서 사회에 공헌한다.	예

덧붙여 말하자면 가치관을 찾는 과정은 NLP금융클리닉에서 사용하는 프로그램 일부를 활용했지만, 목표나 프로그램 구성은 다르다.

이 과정의 목표는 자신이 중요하게 생각하는 가치관을 명확히 하는 데 있다. 즉, 자신이 지닌 신념을 깨달은 다음, 부정적인 신념을 내려놓고 긍정적인 신념은 계속 간직하기 위한 과정이다.

물론 NLP금융클리닉도 매우 유용하다. NLP금융클리닉 또한 돈을 대하는 부정적인 신념에 깊숙이 파고들어서 그 신념을 만든 근본적인 원인을 찾는다. 그러고 나서 긍정적인 신념으로 바꾸어, 삶의 고단함을 해소한다.

FINANCIAL THERAPY

부정적인 신념은 자기 자신을 지키기 위해 생긴 경우가 많다. 그러니 부정적인 신념을 가지고 있다고 주눅들지 말고, 차분히 받아들이자. 그다음 조금씩 내려놓자.

가치관에 맞는 미래를
상상해 뇌를 즐겁게 하라

긍정적인 가치관이
건강한 관계를 만든다

이제 소중히 하고 싶은 가치관이 명확해졌다. 그렇다면 긍정적인 가치관으로 돈과 어떤 관계를 맺고 싶은가?

예를 들어, '부자가 되려면 사회공헌 활동을 해야 한다'라는 신념이 '일이나 기부를 해서 사회공헌 활동을 한다'라는 긍정적인 습관을 만들었다고 해보자. 그러면 더 나은 세상을 만들기 위한 활동을 늘릴 것이다. 어쩌면 돈을 쓰거나 불리는 방법을 고민할 때, 사회와의 관계를 의식하게 될지도 모른다.

이렇게 자신의 가치관을 바탕으로 어떻게 행동하고 싶은지 곰곰이 생각해보자.

인생은 돈이
전부가 아니다

인생의 만족도는 여러 요소로 결정된다. 물론 돈도 포함된다. 따라서 자신의 인생에서 돈이 어느 위치에 있는지 파악할 필요가 있다.

이 책에서는 '인생의 수레바퀴(Life Balance Wheel)'라는 방법을 사용하여, 인생을 구성하는 여덟 가지 요소로 인생의 만족도를 생각해보겠다. 요소는 다음과 같다.

- 일과 경력
- 건강
- 인간관계(가족 관계도 포함한다)
- 돈(수입과 자산으로 나누어 평가한다)
- 정신 건강
- 시간
- 환경
- 취미 및 여가

현재 각 요소를 얼마나 만족하고 있는지 10점 만점으로 생각해보라. 그리고 '인생의 수레바퀴' 레이더 차트에 각 요소의 점수를 표시해보자. 아래 박스에는 그렇게 생각한 이유를 간단히 적으면 좋다.

'인생의 수레바퀴' 레이더 차트

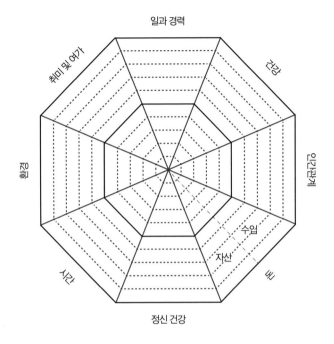

즐거운 상상은
뇌도 춤추게 한다

━━━━━

이제 10년 후, 20년 후에 어떤 삶을 살고 싶은지 상상해보자. 미래를 상상하는 과정이 힘든 사람도 있을 것이다. 어렵게 생각할 필요 없다. 다음을 기준으로 상상하면 된다.

- 자신의 가치관에 맞는가?
- '인생의 수레바퀴'의 각 요소가 이상적인 형태에 가까운가?
- 보이는 것, 들리는 것, 느끼는 것 등 최대한 구체적인 장면을 상상한다.

긍정적인 가치관으로 미래를 상상하면 당연히 즐겁고 행복한 미래를 상상하게 된다. 이처럼 행복한 상상은 뇌를 즐겁게 만든다. 앞에서 뇌의 DMN 영역을 잠시 이야기했었다. 이 영역은 미래를 상상할 때도 활동한다.

국제 학술지 〈신경과학 저널(Journal of Neuroscience)〉에 따르면, 특히 뒤쪽 네트워크는 부정적 상황보다 긍정적 상황을 상상할 때 더 활성화된다고 한다. 즐거운 상상이 뇌를 춤추게 하는 셈이다. 그러니 가치관에 맞는 미래를 즐겁게 상상해서 천천히 맛보기를 바란다. 여기에서는 구체적인 예를 살펴보겠다.

중요하게 생각하는 돈을 대하는 가치관

부자는 일이나 기부를 해서 사회에 공헌한다.

현재 '인생의 수레바퀴'

일, 소득, 인간관계는 만족하지만, 시간에 쫓겨 취미 활동을 하거나 여가를 보낼 시간이 없다. 그리고 수입에 비해 돈이 모이지 않는다.

10년 후

- 일을 효율적으로 하고, 다른 사람에게 맡기는 업무가 늘어나서 시간에 쫓기지 않고 여유롭게 일하고 있다.
- 재기술 훈련(re-skilling)으로 ○○을 공부해서, 시대의 변화에 유연하게 대응할 수 있는 귀중한 인재로 성장하고 있다.
- 회사에서 좋은 평가를 받아 수입이 ○% 올랐다.
- 과거에 취미 활동으로 했던 등산을 다시 시작해서 즐기고 있다.
- 예산을 재검토해 매달 ○만 원을 저축하고, ○만 원은 투자에 쓴다.

20년 후

- 아이가 경제적으로 자립해서 생활에 여유가 생겼다.
- 계속 일할 수 있는 기술과 건강을 여전히 유지하고 있다.
- 사회공헌도가 높은 자원봉사를 시작해서 인맥이 풍부해졌다.
- 가족과의 관계가 화목하고 평온한 날들을 보내고 있다.

현재 '인생의 수레바퀴' 예시

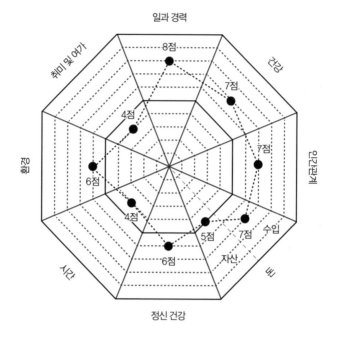

- 정년퇴직 후에 고향에서 생활하고 싶어서 이사 계획을 세우고 있다.

- 자동 이체한 저축과 적립식 투자로 자산이 ○% 증가했다.

FINANCIAL THERAPY

돈의 가치관을 찾을 때는 즐겁게 상상하는 것이 중요하다. 현재 모습으로 상상하지 말고, '이렇게 되고 싶다'에 초점을 맞춰 상상력을 발휘하자.

사례로 살펴보는
인생 계획 세우는 법

지금부터는 다양한 사례를 보면서 꿈꾸는 미래를 이루기 위한 인생
계획을 세워보자.

구체적인 단계는 다음과 같다.

① 손익 계산서를 작성해서 현재의 수입과 지출을 명확히 한다.

② 대차대조표를 작성해서 자산과 부채의 상황을 명확히 한다.

③ 인생 계획표를 작성한다(여력이 된다면 정년퇴직까지의 인생 계
획을 세우고, 노후 시뮬레이션을 해본다).

④ 연간 재무 목표를 세운다.

인생 계획을 세울 때 다음 사항을 참고하자.

- 현재의 수입과 지출이 유지된다는 전제로 작성한다.

- 미래의 수입이 늘거나 줄어들 상황을 확실히 알 수 있는 경우는 반영한다.

- 교육비, 내 집 마련, 노후 자금 등 생활 사건에 들어가는 비용은 여러 자료를 참고해 입력한다.

- 연금액은 국민연금공단 홈페이지에서 확인한 예상 연금 수령액을 입력하거나, '기준 연금액'을 조사해서 입력한다.

- 여러 미래 계획을 세운 사람은 대략적인 '계획 A', '계획 B' 등을 만든다.

쉽게 따라 할 수 있도록 먼저 구체적인 사례를 살펴보겠다. 네 가지 사례 가운데 자신의 상황과 비슷한 사례를 참고하자. 전체 인생 계획을 세우는 방법은 사례 1에서 자세하게 설명하고 있다. 사례 2~4를 참고하는 사람은 필요에 따라 사례 1을 참고하면 된다.

인생 계획
4가지 사례

다음에 나올 세 개의 표(① 손익계산서, ② 대차대조표, ③ 인생 계획표)는 직접 만들거나, 엑셀 파일로 다운받을 수 있다(https://tinyurl. com/2dreaeee 다만, 엑셀 파일은 일본어로 적혀 있어서 한국어로 수정해야 한다).

① 손익 계산서

비용	
기본 생활비 (식비, 수도 광열비, 통신비, 일회용품 등)	만 원
주거 관련비 (집세, 주택 담보 대출, 관리비, 고정 자산세 등)	만 원
차량비 (주차비, 주유비, 자동차세 등)	만 원
교육비 (학교 교육비, 학원비 등)	만 원
보험료 (모든 가족의 생명 보험, 의료 보험 등)	만 원
기타 지출 (여가비, 여행비 등)	만 원
이익(저축 = 잉여금) (수입에서 총지출을 뺀 금액)	만 원

비용 합계 A	만 원
1개월당 지출	만 원
예상하지 못한 일을 위한 대비 자금(6개월분)	만 원

수입(실수령액)	
급여 수입	만 원
기타 수입 (자녀 수당, 부업, 부동산 임대료 등)	만 원

수익 합계 B	만 원

② 대차대조표

자산	
현금 자산(보통·정기 예금, 재형저축 등)	만 원
저축형 보험(학자 보험, 정기 요양 보험 등)	만 원
주식	만 원
채권	만 원
투자 신탁·ETF(기업형 DC 등도 포함)	만 원
주택(현재 시장 가격)	만 원
기타(금, 투자용 부동산 등)	만 원

자산 합계 A   만 원

주택을 제외한 자산   만 원

현금 자산   만 원

예상하지 못한 일을 위한 대비 자금(6개월분)   만 원

부채	
주택 담보 대출	만 원
자동차 대출	만 원
카드 대출	만 원
학자금 대출	만 원
기타	만 원

부채 합계 B   만 원

자산 합계 A - 부채 합계 B = 순자산   만 원

③ 인생 계획표

연도	2023	2024	2025	2026	2027	2028	2029	2030	～	2052	2053	조정	합계	노후 시뮬레이션
( )의 나이	0	1	2	3	4	5	6	7		29	30			공적 연금: ○만 원/년 생활비: ○만 원/년
( )의 나이	0	1	2	3	4	5	6	7		29	30			연간 적자: ○만 원 65~95세에 필요한 노후 자금: ○만 원
( )의 나이	0	1	2	3	4	5	6	7		29	30			그 외 자유롭게 쓸 수 있는 비용: ○만 원 →희망 금액인 ○만 원 대비 ○만 원 초과/부족
( )의 나이	0	1	2	3	4	5	6	7		29	30			대책 ①
( )의 나이	0	1	2	3	4	5	6	7		29	30			대책 ②
생활 사건														대책 ③
A: 사건 비용														
B: 수입의 증감														노후에 사용할 수 있는 자금: ○만 원
C: 자금 잔액 (전년의 자금 잔액 + D)														
D: 매해의 연간 저축액 (현재의 연간 저축액 + B)														

사례 1 지바현 마쓰도시에 거주하는 4인 가족 A

딸이 초등학생이 되면 아내는 59세까지 연봉 + 1,000만 원을 벌 예정이다. 자가(단독주택)와 자동차를 소유하고 있다. A는 노후를 준비하기 위해 24년간의 인생 계획을 세우고 있다.

- 남편: 42세, 연봉 6,000만 원(실수령 4,600만 원)
- 아내: 39세, 연봉 1,000만 원(피부양자, 파트타임, 실수령 1,000만 원)
- 아들: 6세(공립 초등학교 1학년, 자녀 수당 매달 10만 원)
- 딸: 3세(공립 어린이집, 자녀 수당 매달 10만 원)

자산·부채 상황

5년 전 신축 단독주택을 4억 원에 매입했다. 계약금 7,000만 원, 대출 3억 3,000만 원이며, 고정금리 1.5%로 30년 차입, 67세에 완제 예정이다.

- 현재 저축액: 1억 2,000만 원
- 투자 신탁(기업형 DC): 3,000만 원(회사가 매월 20만 원 거출)
- 저축형 보험(학자 보험): 3,000만 원
- 주택 담보 대출 잔액 : 2억 8,000만 원

예상 노후 자금

- 예상 퇴직금: 남편 1억 원(65세), 아내 없음
- 예상 연금: 남편 1,800만 원, 아내 1,000만 원

희망하는 노후 생활

- 미래에도 지금 거주하는 집에 살고 싶다.

① 손익 계산서를 작성해 현재의 수입과 지출을 명확히 한다

앞에서 본 손익 계산서에 각 항목을 작성해서 **1년 동안의 수입과 지출을 파악해보라.**

우선 '수입(실수령액)'을 적는다. 남편의 실수령액 4,600만 원, 아내의 실수령액 1,000만 원이므로 급여 수입은 5,600만 원이다.

다음으로 '기타 수입'을 적는다. 부업이나 부동산 임대료 등의 부수입을 여기에 적는다. 자녀 수당도 '기타 수입'에 넣는다. A의 경우, 두 자녀의 자녀 수당이 매월 20만 원씩이므로 연 240만 원이다. 따라서 수익 합계는 5,840만 원이다.

일본에서 자녀 수당은 아이가 중학교를 졸업할 때까지 지급된다. 엄밀히 따지면, 그 이후에는 저금 잔액에서 자녀 수당만큼 빠진다. 그러나 계산이 복잡해지므로 여기에서는 남편의 월급이 자녀 수당만큼 증가한다는 전제하에 인생 계획을 세우겠다.

A의 손익 계산서

비용	
기본 생활비 (식비, 수도 광열비, 통신비, 일회용품 등)	2,500만 원
주거 관련비 (집세, 주택 담보 대출, 관리비, 고정 자산세 등)	1,500만 원
차량비 (주차비, 주유비, 자동차세 등)	200만 원
교육비 (학교 교육비, 학원비 등)	520만 원
보험료 (모든 가족의 생명 보험, 의료 보험 등)	150만 원
기타 지출 (여가비, 여행비 등)	250만 원
이익(저축 = 잉여금) (수입에서 총지출을 뺀 금액)	720만 원

비용 합계 A	5,840만 원
1개월당 지출	약 430만 원
예상하지 못한 일을 위한 대비 자금(6개월분)	약 2,560만 원

수입(실수령액)	
급여 수입	5,600만 원
기타 수입 (자녀 수당, 부업, 부동산 임대료 등)	240만 원

수익 합계 B	5,840만 원

수입 내용을 모두 정리했다면 다음으로 비용을 채워라.

가계부를 쓰지 않는 사람은 조금 당황할 수도 있다. 우선은 집세와 주택 담보 대출, 보험료처럼 통장을 보면 바로 알 수 있는 비용부터 채우면 된다.

모든 비용을 적으면 1년간의 '이익(저축 = 잉여금)'이 나온다. 이 값을 '현재 저금 잔액 - 1년 전 저금 잔액'과 비교해보자. 값이 거의 같으면 손익 계산서가 완성된다.

A는 매년 720만 원을 저축할 수 있다.

만약 1년간의 '이익'이 저금 잔액과 크게 차이 난다면, 지출을 올바르게 파악하지 못한 것이다. 그럴 때는 차액을 '기타 지출'에 넣고, 어디에 썼는지 파악해야 한다.

예를 들어, '이익'이 2,000만 원인데, 작년과 비교해서 저축액이 1,500만 원밖에 늘어나지 않았다고 해보자. 그러면 차액 500만 원은 용도가 분명하지 않은 금액이다. 이때 500만 원을 '기타 지출'에 추가하면 실제와 맞는 손익 계산서가 완성된다.

대략적으로 인생 계획을 세우라고는 했지만, 용도가 분명하지 않은 지출을 내버려두면 안 된다. 어디에 썼는지 분명하지 않은 금액은 인생 계획을 흔들기 때문이다.

이번 기회에 손익 계산서를 작성해서 돈을 어디에 썼는지 알아보자. 도저히 모르겠다면 3개월 동안 가계부를 쓰면서 파악해보자.

② 대차대조표를 작성해 자산과 부채의 상황을 명확히 한다

그다음으로 대차대조표를 작성해서 자산과 부채의 상황을 분명하게 파악하라.

'부채'에 주택 담보 대출이나 자동차 대출, 학자금 대출 등을 적는다. A는 주택 담보 대출 잔액이 2억 8,000만 원이다.

다음으로 '자산'에 예금과 적금 등을 적는다. 저축형 보험은 만기가 됐을 때 받는 금액을 쓴다. 수령 금액이 변동되는 보험은 지금 해지하면 얼마를 받을 수 있는지 '해지 환급금'을 쓴다. 주식, 채권, 투자 신탁 등의 금융 상품은 가장 최근의 시세를 적는다.

자가의 경우 대략적인 시장 가격을 적으면 된다. A는 '지바현 마쓰도시 구축 단독주택'으로 검색해, 건물 면적이 100m²이면서 지은 지 5년 정도 된 건물의 시장 가격 3억 7,500만 원을 썼다. 아파트 이름을 넣으면 AI가 추정 시세를 알려주는 앱도 있으니 확인해보자.

A의 자산은 5억 5,500만 원, 부채는 2억 8,000만 원, 순자산은 2억 7,500만 원이다. 주택을 제외한 자산은 1억 8,000만 원이고, 그중 현금 자산만 1억 2,000만 원이다. 갑작스러운 일에 필요한 대비 자금은 6개월분 생활비인 2,560만 원이므로, 저금으로 충분히 대비할 수 있다.

A의 대차대조표

자산	
현금 자산(보통·정기 예금, 재형저축 등)	1억 2,000만 원
저축형 보험(학자 보험, 정기 요양 보험 등)	3,000만 원
주식	0만 원
채권	0만 원
투자 신탁·ETF(기업형 DC 등도 포함)	3,000만 원
주택(현재 시장 가격)	3억 7,500만 원
기타(금, 투자용 부동산 등)	0만 원

자산 합계 A	5억 5,500만 원
주택을 제외한 자산	1억 8,000만 원
현금 자산	1억 2,000만 원
예상하지 못한 일을 위한 대비 자금(6개월분)	약 2,560만 원

부채	
주택 담보 대출	2억 8,000만 원
자동차 대출	0만 원
카드 대출	0만 원
학자금 대출	0만 원
기타	0만 원

부채 합계 B	2억 8,000만 원
자산 합계 A − 부채 합계 B = 순자산	2억 7,500만 원

③ 인생 계획표를 작성한다

20년의 인생 계획을 대략 적어보자. 여력이 된다면 정년퇴직할 때까지의 인생 계획을 세우고 노후를 상상해보자.

우선 2023년 칸에 모든 가족의 나이를 적는다. '저금 잔액'과 '매해의 저축액'은 엑셀 시트를 사용하면 입력한 손익 계산서와 대차대조표에서 자동으로 계산된다. 노후까지의 인생 계획을 대략이라도 파악하는 게 이 단계의 목표다. 여기에서는 다음과 같은 조건으로 계산하고 있으니 참고하기를 바란다.

- 물가 상승이나 운용 이율은 고려하지 않는다.
- 생활 사건 비용은 매해 저금 잔액이 아닌, 합계 항목의 저금 잔액에서 공제한다.
- 저금 잔액은 합계 항목의 금액만을 참고한다(각 해의 잔액에서 생활 사건 비용을 제외하지 않았기 때문이다).

다음으로 '생활 사건'을 적는다. **인생의 3대 지출 비용인 '교육비, 주택 자금, 노후 자금'을 중심으로** 입력하면 된다. A는 생활 사건 항목에 자녀 교육비, 자동차 교체 비용, 집 리모델링 비용을 적었다.

그다음 미래의 수입이 얼마나 늘어나고 줄어들지 확실하게 알고 있다면 그 금액을 '수입의 증감' 항목에 적는다. 이 경우, 아내는 2026년부터 2043년까지 파트타임 아르바이트 수입을 1,000만 원 늘리는 게

A의 인생 계획표 시작 연도

연도	2023년
(남편)의 나이	42세
(아내)의 나이	39세
(아들)의 나이	6세
(딸)의 나이	3세
( )의 나이	
생활 사건	
A: 사건 비용	
B: 수입의 증감	
C: 저금 잔액(전년의 저금 잔액 + D)	1억 2,000만 원
D: 매해의 저축액(현재의 연간 저축액 + B)	720만 원

목표다. 그 이후에는 아르바이트를 그만둘 예정이라 수입이 1,000만 원 감소한다. 따라서 수입의 증감에 '-1,000만 원'이라고 적는다.

그리고 2035년과 2038년에는 자녀의 학자 보험금을 1,500만 원씩 받는다. 2046년에는 남편이 65세로 정년퇴직하여 퇴직금 1억 원을 받을 예정이다.

만약 정년 이후에 수입(정기 요양 보험, 개인 연금보험, 월세 수입 등)이 있으면 '수입의 증감' 항목에 적는다.

공적 연금은 나중에 노후 시뮬레이션으로 계산하기 때문에 지금은 채우지 않아도 괜찮다. 참고로 A는 해당하는 수입이 없어서 적지 않았다.

A의 인생 계획표

(단위: 만 원)

연도	2023	2024	2025	2026	2027	2028	2029	2030	2031	2032	2033	2034	2035
(남편)의 나이	42	43	44	45	46	47	48	49	50	51	52	53	54
(아내)의 나이	39	40	41	42	43	44	45	46	47	48	49	50	51
(아들)의 나이	6	7	8	9	10	11	12	13	14	15	16	17	18
(딸)의 나이	3	4	5	6	7	8	9	10	11	12	13	14	15
( )의 나이													
생활 사건				딸 공립 초등학교 6년간 교육비 2,120, 아내 파트 타임 아르바이트 이득 수입 + 1,000		집 리모델링 비용 300	아들 공립 중학교 3년간 교육비 1,620	자동차 교체 비용 3,000		아들 공립 고등학교 3년간 교육비 1,540, 딸 공립 중학교 3년간 교육비 1,620			아들 사립대학 문과계열 4년간 교육비 6,670, 딸 공립 고등학교 3년간 교육비 1,540, 학자 보험 + 1,500
A: 사건 비용				2,120		300	1,620	3,000		3,160			8,210
B: 수입의 증감				1,000	1,000	1,000	1,000	1,000	1,000	1,000	1,000	1,000	2,500
C: 저금 잔액 (전년의 저금 잔액 + D)	12,000	12,720	13,440	15,170	16,890	18,610	20,330	22,050	23,780	25,500	27,220	28,940	32,160
D: 매해의 저축액 (현재의 연간 저축액 + B)	720	720	720	1,720	1,720	1,720	1,720	1,720	1,720	1,720	1,720	1,720	3,220

연도	2036	2037	2038	2039	2040	2041	2042	2043	2044	2045	2046	조정	합계
(남편)의 나이	55	56	57	58	59	60	61	62	63	64	65		
(아내)의 나이	52	53	54	55	56	57	58	59	60	61	62		
(아들)의 나이	19	20	21	22	23	24	25	26	27	28	29		
(딸)의 나이	16	17	18	19	20	21	22	23	24	25	26		
( )의 나이													
생활 사건			딸 국립대학 문과계열 4년간 교육비 4,790, 학자보험+1,500	아들 대학 졸업		자동차 교체 비용 3,000	딸 대학 졸업	집 리모델링 비용 1,000	아내 파트타임 아르바이트 종료 (현재보다1,000 감소)		남편 퇴직금 10,000	교육비: 2026년~2028년 ▲170, 이후18년간 ▲520	
A: 사건 비용			4,790			3,000		1,000				-9,870	17,330
B: 수입의 증감	1,000	1,000	2,500	1,000	1,000	1,000	1,000	1,000	-1,000	-1,000	9,000		28,000
C: 자금 잔액 (전년의 자금 잔액+D)	33,890	35,610	38,830	40,550	42,270	44,000	45,720	47,440	47,160	46,880	56,610		39,280
D: 매해의 저축액 (현재의 연간 저축액+B)	1,720	1,720	3,220	1,720	1,720	1,720	1,720	1,720	-280	-280	9,720		45,330

저금 잔액은 자동으로 계산된다. 그래서 매년 '현재 교육비 520만 원'이 든다는 전제로 작성했다. 반면 생활 사건에는 미래의 교육비를 계산해서 넣는다. 이렇게 하면 현재의 교육비와 미래의 교육비가 이중으로 올라가기 때문에 마지막에 조정한다.

A의 경우, 교육비는 2026~2028년의 3년간 × 170만 원(현재 지출하고 있는 딸의 보육원 비용), 그 이후 18년간 × 520만 원(현재 지출하고 있는 두 자녀의 교육비), 합계 9,870만 원의 이중 계상 금액을 조정하였다.

그 결과 노후에 사용할 수 있는 자금은 아래와 같다.

5억 6,610만 원(저금 잔액) - 1억 7,330만 원(생활 사건 비용 합계)
= 3억 9,280만 원(노후에 사용할 수 있는 자금)

여기까지 계산했다면, 마지막으로 노후 시뮬레이션을 해보자. 'A의 노후 시뮬레이션' 표를 보라.

A가 공적 연금으로 충당할 수 없는 생활비는 연간 800만 원이다. 따라서 66~95세(30년간)에 필요한 노후 자금은 2억 4,000만 원이다.

마련한 노후 자금은 3억 9,280만 원이므로 자유롭게 쓸 수 있는 돈은 1억 5,280만 원(3억 9,280만 원 - 2억 4,000만 원)이다. 생활비 이외에 사용하고 싶은 노후 자금인 2억 원보다 약 4,720만 원이 부족한 셈

A의 노후 시뮬레이션

공적 연금	2,800만 원/년
생활비	3,600만 원/년
연간 적자	800만 원
66~95세에 필요한 노후 자금	2억 4,000만 원
기타 자유롭게 사용할 수 있는 비용	1억 5,280만 원
결론	희망 금액인 2억 원보다 4,720만 원이 부족하다.
비용이 부족할 때 대비 방법	• 아내의 수입과 연금액을 늘린다. • 주택 담보 대출 완제 후인 67세 이후에 쓸 생활비를 줄인다. • 투자 신탁 등으로 자산을 늘린다.
노후에 사용할 수 있는 자금	3억 9,280만 원

이다. 남편이 기업형 DC로 보유하고 있는 투자 신탁 3,000만 원을 고려해도 1,720만 원이 부족하다.

그러나 조급해하지 않아도 괜찮다. 아직 A에게는 노후 자금을 준비할 시간이 20년 정도 남아 있다. 이제 부족한 금액을 채울 수 있는 방법을 생각해보자.

- 아내가 파트타임 근무에서 풀타임 근무로 바꿔 수입과 연금액을 늘린다.
- 주택 담보 대출 완제 후인 67세 이후, 줄일 수 있는 생활비는 없는지 생각해본다.
- 투자 신탁 등으로 자산을 운용한다. 정년까지 기업형 DC로 투자 신탁의 적립 투자를 계속 운용한다.

노후 자금이 부족하다는 결론이 나와서 '어떻게든 손을 써야만 해!' 라고 초조해하는 사람이 있을지도 모른다. 하지만 초조함과 불안함은 돈을 모으는 데 아무런 도움이 되지 않는다. 그러니 일단 침착하게 생각하라. 자신의 가치관에 맞게 노후를 준비할 수 있도록, 반드시 다음 단계까지 해보기를 바란다.

④ 연간 재무 목표를 세운다

마지막으로 연간 재무 목표를 세워라. 노후 시뮬레이션으로 해결해야 할 과제와 대비할 수 있는 방법을 알아봤으니 무리하지 않는 범위에서 목표를 설정한다. 손익 계산서와 대차대조표를 작성하면서 의욕이 넘치는 상태일 수 있다. 그러나 너무 무리한 목표를 세우면 중간에 포기할 가능성이 높다.

우선 1년 뒤의 목표를 세워라. 그리고 그 목표를 이루려면 6개월 후, 3개월 후에 어떤 상태이면 좋을지 생각하면 된다. 이렇게 **거꾸로 올라가면서 목표를 설정하면 더 명확한 계획을 세울 수 있다.**

A도 이 방법으로 연간 재무 목표를 세웠다. A의 경우, 맞벌이 부부라서 아내와 남편이 각각 수입을 늘리기 위한 목표를 설정했다. 목표를 세우기 어려운 사람은 사례를 참고해 세우면 쉬울 것이다. 이제 사례 2부터는 핵심만 짚어보겠다.

A의 연간 재무 목표

	1년 후의 상태
아내	• 딸이 초등학교에 입학한 후 근무 형태가 명확해졌다. • 수입을 올리기 위한 공부를 시작했다.
남편	적립식 비과세 투자로 자산 운용을 시작했다.

	6개월 후의 상태
아내	• 파트타임과 풀타임 근무별 수입이 생기고, 생활 방식이 명확해졌다. • 하고 싶은 재기술 훈련 분야를 결정했다.
남편	자신에게 가장 잘 맞는 자산 운용 방법이 무엇인지 이해하고, 기업형 DC에 얼마나 자산을 배분할지 재검토하고 있다.

	3개월 후의 상태
아내	자신이 잘하는 것, 하고 싶은 것, 사회가 요구하는 기술이 무엇인지 명확해졌다.
남편	더욱 풍족한 노후를 위해 금융 공부를 시작했다.

아이치현 나고야시에 거주하는 5인 가족 B

자가(구축 아파트)와 자동차를 소유하고 있다.

- 남편: 46세, 연봉 7,000만 원(실수령 5,200만 원)
- 아내: 46세, 연봉 4,000만 원(실수령 3,100만 원)
- 장남: 18세(사립대 이과 계열 1학년)
- 장녀: 16세(공립 고등학교 2학년)
- 차남: 12세(공립 중학교 1학년)

자산·부채 상황

10년 전에 지은 지 10년 된 구축 아파트를 2억 5,000만 원에 매입했다. 계약금 3,000만 원, 대출 2억 2,000만 원이며, 고정금리 1.5%로, 30년 차입, 66세에 완제 예정이다.

- 현재 저축액: 1억 3,000만 원
- 주택 담보 대출 잔액: 1억 5,700만 원
- 자동차 대출 잔액: 1,000만 원

예상 노후 자금

- 예상 퇴직금: 남편 1억 원(65세), 아내 4,000만 원
- 예상 연금: 남편 2,100만 원, 아내 1,300만 원

희망하는 노후 생활

- 남편의 고향에서 전원생활을 즐기고 싶다.
- 연간 생활비는 3,600만 원(월 300만 원)이다.
- 생활비로 쓰는 돈을 제외한 2억 원은 여행비와 요양비로 쓰고 싶다.

B의 손익 계산서

비용	
기본 생활비 (식비, 수도 광열비, 통신비, 일회용품 등)	2,800만 원
주거 관련비 (집세, 주택 담보 대출, 관리비, 고정 자산세 등)	1,250만 원
차량비 (주차비, 주유비, 자동차세 등)	250만 원
교육비 (학교 교육비, 학원비 등)	3,000만 원
보험료 (모든 가족의 생명 보험, 의료 보험 등)	200만 원
기타 지출 (여가비, 여행비 등)	300만 원
이익(저축 = 잉여금) (수입에서 총지출을 뺀 금액)	500만 원

비용 합계 A	8,300만 원
1개월당 지출	650만 원
예상하지 못한 일을 위한 대비 자금(6개월분)	3,900만 원

수입(실수령액)	
급여 수입	8,300만 원
기타 수입 (자녀 수당, 부업, 부동산 임대료 등)	0만 원

수익 합계 B	8,300만 원

B의 대차대조표

자산	
현금 자산(보통·정기 예금, 재형저축 등)	1억 3,000만 원
저축형 보험(학자 보험, 정기 요양 보험 등)	0만 원
주식	0만 원
채권	0만 원
투자 신탁·ETF(기업형 DC 등도 포함)	0만 원
주택(현재 시장 가격)	2억 2,000만 원
기타(금, 투자용 부동산 등)	0만 원

자산 합계 A	3억 5,000만 원
주택을 제외한 자산	1억 3,000만 원
현금 자산	1억 3,000만 원
예상하지 못한 일을 위한 대비 자금(6개월분)	3,900만 원

부채	
주택 담보 대출	1억 5,700만 원
자동차 대출	1,000만 원
카드 대출	0만 원
학자금 대출	0만 원
기타	0만 원

부채 합계 B	1억 6,700만 원
자산 합계 A − 부채 합계 B = 순자산	1억 8,300만 원

B의 인생 계획표

(단위: 만 원)

연도	2023	2024	2025	2026	2027	2028	2029	2030	2031	2032	2033
(남편)의 나이	46	47	48	49	50	51	52	53	54	55	56
(아내)의 나이	46	47	48	49	50	51	52	53	54	55	56
(장남)의 나이	18	19	20	21	22	23	24	25	26	27	28
(장녀)의 나이	16	17	18	19	20	21	22	23	24	25	26
(차녀)의 나이	12	13	14	15	16	17	18	19	20	21	22
생활 사건			장남 국립대학 문과 계열 4년간 교육비 4,790	차녀 국립고등학교 3년간 교육비 1,540	장남 대학 졸업	집 리모델링 비용 1,000	장녀 대학 졸업, 차녀 사립대학 문과 계열 입학, 4년간 비용 9,670				차녀 대학 졸업
A: 사건 비용			4,790	1,540		1,000	9,670				
B: 수입의 증감				1,540	1,000						
C: 자금 잔액 (전년의 자금 잔액+D)	13,000	13,500	14,010	14,510	15,020	15,520	16,020	16,530	17,030	17,540	18,040
D: 매해의 저축액 (현재의 연간 저축액+B)	500	500	500	500	500	500	500	500	500	500	500

연도	2034	2035	2036	2037	2038	2039	2040	2041	2042	조정	합계
(남편의 나이)	57	58	59	60	61	62	63	64	65		
(아내의 나이)	57	58	59	60	61	62	63	64	65		
(장남의 나이)	29	30	31	32	33	34	35	36	37		
(장녀의 나이)	27	28	29	30	31	32	33	34	35		
(차남의 나이)	23	24	25	26	27	28	29	30	31		
생활 사건	자동차 교체 비용 3,000			아내 퇴직금 4,000	집 리모델링 비용 1,500, 아내 수입 현재보다 3,100 감소				남편 퇴직금 10,000, 자동차 교체 비용 3,000	교육비: 2025년 ▲510, 2026년 ▲1,050, 2027년 이후 ▲3,000	
A: 사건 비용	3,000				1,500				3,000	-49,560	-25,060
B: 수입의 증감				4,000	-3,100	-3,100	-3,100	-3,100	6,900		-1,500
C: 저금 잔액 (전년의 저금 잔액+D)	18,540	19,050	19,550	24,060	21,460	18,860	16,270	13,670	21,080		46,140
D: 매해의 저축액 (현재의 연간 저축액+B)	500	500	500	4,500	-2,600	-2,600	-2,600	-2,600	7,400		8,580

이 경우, 맞벌이 부부로 둘 다 퇴직금이 있고, 받을 수 있는 공적 연금 금액도 예상할 수 있다. 그러므로 생활비 이외에 사용하고 싶은 노후 자금 2억 원보다 많은 4억 140만 원이라는 충분한 자금을 마련할 수 있을 것이다.

다만 인생 계획에 반영되지 않은 '주거 관련 비용'을 주의해야 한다. **주거 관련 비용에 영향을 주는 요소로는 현재 아파트의 재건축, 퇴직 후 노후를 보내려는 지역의 거주지가 있다.**

주거지에 큰 비용이 들 가능성을 더 구체적으로 살펴보자.

첫 번째는 현재 살고 있는 아파트에서 대규모 수리를 해서 '장기수선충당금'이 발생할 경우다.

B의 노후 시뮬레이션

공적 연금	3,400만 원/년
생활비	3,600만 원/년
연간 적자	200만 원
66~95세에 필요한 노후 자금	6,000만 원
기타 자유롭게 사용할 수 있는 비용	4억 140만 원
결론	희망 금액인 2억 원보다 충분하다.
주거지에 큰 비용이 들 가능성	• 지은 지 20년 된 아파트에 살고 있으므로 재건축할 가능성이 있다. • 이사할 예정인 새로운 거주지에서는 집을 매입할 것인가, 임대할 것인가?
노후에 사용할 수 있는 자금	4억 6,140만 원

일반적으로 아파트는 12~16년 주기로 대규모 수리를 한다. 미리 계획한 예산 안에서 해결되지 않으면 장기수선충당금이 증가할 수 있다. 인생 계획에서는 집 내부의 리모델링 비용만 포함하는데, 추가로 장기수선충당금이 들어갈 가능성을 고려해야 한다.

두 번째는 아파트 재건축 가능성이다.

현재 B가 살고 있는 아파트는 20년 전에 지어졌다. 아파트는 보통 지은 지 30~40년이 되면 재건축할 가능성이 있다. 건물에 따라 다르지만, 재건축에는 평균적으로 1억 원 정도의 자기 부담금이 필요하다. 게다가 재건축과 완공 시 이사할 때 드는 비용, 임시 거주지의 임대료까지 포함하면 총 1억 4,000만 원 정도의 비용이 예상된다.

무엇보다 B의 경우, 노후에 남편의 고향에서 어떻게 살지 아직 구체적으로 정하지 않았다. 다음 세 가지 방법을 생각할 수 있는데, 각 경우에 따라 노후에 필요한 주거비가 크게 달라진다.

· 새로 집을 매입한다.

· 임대한다.

· 본가에서 생활한다.

가령, 새로 집을 매입한다고 해보자. 65세 이상이면 주택 담보 대출을 받기 어려울 수도 있다. 그래서 새로 집을 매입하고 싶다면 예금과 적금, 현재 살고 있는 집을 매각한 금액으로 고향 지역에서 집을 살 수 있는지 계산해봐야 한다. 그리고 임대를 한다면 평생 집세를 낼 수 있는지, 본가에서 산다면 리모델링이나 재건축은 어떻게 할지 등 대안마다 필요한 비용을 대략적으로 파악해두면 좋다.

마지막으로 연간 재무 목표를 정리해야 한다. B는 다양한 시뮬레이션을 해보고 연간 재무 목표를 세웠다.

B의 경우에는 '노후를 어떻게 생각하는지'가 핵심이다. 물론 B는 현재 생활과 노후 자금에 여유가 있다. 하지만 구체적으로 미래를 그려보면 예상치 못한 곳에서 장벽을 만나기도 한다. 자신이 가장 꿈꾸는 미래를 실현할 수 있도록 천천히 나아가기를 바란다.

B의 연간 재무 목표

1년 후의 상태
• 이사 갈 곳의 거주 형태가 명확해졌다.
• 아파트의 대규모 수리와 재건축에 대비하여 적립식 비과세 투자를 시작했다.

6개월 후의 상태
• 고향에서 노후를 보내기 위해 그 지역의 부동산 시세를 조사하고 있다.
• 본가를 물려받을 수 있을지 부모님, 형제와 이야기하고 있다.
• 대규모 수리 및 재건축 계획에 관해 아파트 조합과 논의하고 있다.
• 자신에게 가장 적절한 자산 운용에 관한 공부를 시작했다.

3개월 후의 상태
• 이사할 지역에서 어떤 생활을 하고 싶은지 명확해졌다.
• 아파트의 대규모 수리나 재건축에 관한 자료를 모으고 있다.

도쿄도 시부야구에 거주하는 딩크족 C

아내는 60세에 정년퇴직할 예정이다. 남편은 60세 이후에 수입이 지금의 3분의 2로 감소할 예정이다. 자가(신축 아파트)와 자동차를 소유하고 있다.

- 남편: 49세, 연봉 8,000만 원(실수령 5,900만 원)
      61~65세의 예상 연봉 5,300만 원(실수령 4,100만 원)
- 아내: 50세, 연봉 6,000만 원(실수령 4,600만 원)

자산·부채 상황

10년 전, 신축 아파트를 6억 원에 매입했다. 계약금 1억 5,000만 원, 대출 4억 5,000만 원이며, 고정금리 1.5%로, 30년 차입, 69세에 완제 예정이다. 65세에는 대출 잔액이 7,200만 원이다.

- 현재 저축액: 1억 2,000만 원
- 주택 담보 대출 잔액: 3억 2,200만 원

예상 노후 자금

- 예상 퇴직금: 남편 1억 원(65세), 아내 4,000만 원(60세)
- 예상 연금: 남편 2,300만 원, 아내 1,500만 원

희망하는 노후 생활

- 아내의 고향으로 내려갈 예정이다.
- 연간 생활비는 4,200만 원(월 350만 원)이다.
- 생활비로 쓰는 돈을 제외한 2억 원은 여행비와 요양비로 쓰고 싶다.

C의 손익 계산서

비용	
기본 생활비 (식비, 수도 광열비, 통신비, 일회용품 등)	2,400만 원
주거 관련비 (집세, 주택 담보 대출, 관리비, 고정 자산세 등)	2,360만 원
차량비 (주차비, 주유비, 자동차세 등)	0만 원
교육비 (학교 교육비, 학원비 등)	0만 원
보험료 (모든 가족의 생명 보험, 의료 보험 등)	120만 원
기타 지출 (여가비, 여행비 등)	720만 원
이익(저축 = 잉여금) (수입에서 총지출을 뺀 금액)	4,900만 원

비용 합계 A	1억 500만 원
1개월당 지출	약 470만 원
예상하지 못한 일을 위한 대비 자금(6개월분)	약 2,800만 원

수입(실수령액)	
급여 수입	1억 500만 원
기타 수입 (자녀 수당, 부업, 부동산 임대료 등)	0만 원

수익 합계 B	1억 500만 원

C의 대차대조표

자산	
현금 자산(보통·정기 예금, 재형저축 등)	1억 2,000만 원
저축형 보험(학자 보험, 정기 요양 보험 등)	0만 원
주식	0만 원
채권	0만 원
투자 신탁·ETF(기업형 DC 등도 포함)	0만 원
주택(현재 시장 가격)	7억 5,000만 원
기타(금, 투자용 부동산 등)	0만 원

자산 합계 A	8억 7,000만 원
주택을 제외한 자산	1억 2,000만 원
현금 자산	1억 2,000만 원
예상하지 못한 일을 위한 대비 자금(6개월분)	약 2,800만 원

부채	
주택 담보 대출	3억 2,200만 원
자동차 대출	0만 원
카드 대출	0만 원
학자금 대출	0만 원
기타	0만 원

부채 합계 B	3억 2,200만 원
자산 합계 A − 부채 합계 B = 순자산	5억 4,800만 원

C의 인생 계획표

(단위: 만 원)

연도	2023	2024	2025	2026	2027	2028	2029	2030	2031	2032
(남편)의 나이	49	50	51	52	53	54	55	56	57	58
(아내)의 나이	50	51	52	53	54	55	56	57	58	59
(　)의 나이										
(　)의 나이										
(　)의 나이										
생활 사건		집 리모델링 비용 1,000								집 리모델링 비용 2,000
A: 사건 비용		1,000								2,000
B: 수입의 증감										
C: 저금 잔액 (전년의 저금 잔액 + D)	12,000	16,900	21,800	26,700	31,600	36,500	41,400	46,300	51,200	56,100
D: 매해의 연간 저축액 (현재의 연간 저축액 + B)	4,900	4,900	4,900	4,900	4,900	4,900	4,900	4,900	4,900	4,900

연도	2033	2034	2035	2036	2037	2038	2039	조정	합계
(남편)의 나이	59	60	61	62	63	64	65		
(아내)의 나이	60	61	62	63	64	65	66		
( )의 나이									
( )의 나이									
( )의 나이									
생활 사건	아내퇴직금 4,000	아내수입 ▲4,600	남편수입 ▲1,800				남편 퇴직금 10,000, 고향에 단독 주택 매입 30,000, 자동차 구입 3,000		
A: 사건 비용	4,000						33,000		36,000
B: 수입의 증감		−4,600	−6,400	−6,400	−6,400	−6,400	3,600		−22,600
C: 저금 잔액 (전년의 저금 잔액 + D)	65,000	65,300	63,800	62,300	60,800	59,300	67,800		31,800
D: 매해의 저축액 (현재의 연간 저축액 + B)	8,900	300	−1,500	−1,500	−1,500	−1,500	8,500		60,700

C 역시 맞벌이 부부라서 퇴직금이 있고, 받을 수 있는 공적 연금을 어느 정도 예상할 수 있다. 그래서 고향에서 살 단독주택과 자동차를 매입한다고 하더라도, 생활비 이외에 쓰고 싶은 자금 2억 원을 마련할 수 있을 것이다.

다만 주의할 점이 두 가지 있다. 첫째는 아내가 정년퇴직한 후의 생활비, 둘째는 이사를 하면 지금 사는 아파트는 어떻게 할 것인지이다. 또한, 이 부부는 딩크족이라서 자녀 교육비는 들지 않지만, 외식비와 여행비 지출이 많다는 특징이 있다.

특히 2034~2035년에는 아내의 정년퇴직과 남편의 수입이 감소하는 시점이 겹치므로 주의해야 한다. 전체 수입이 현재의 절반 이하가 되기 때문에 지금의 생활 수준을 유지하면 매년 1,500만 원이라는 적

C의 노후 시뮬레이션

공적 연금	3,800만 원/년
생활비	4,200만 원/년
연간 적자	400만 원
66~95세에 필요한 노후 자금	1억 2,000만 원
기타 자유롭게 사용할 수 있는 비용	1억 9,800만 원
결론	희망 금액인 2억 원에 가까운 금액을 확보할 수 있다.
주의사항	• 아내가 정년퇴직할 때까지 생활비를 줄이려는 노력이 필요하다. • 현재의 아파트를 매각할 것인가, 세를 놓을 것인가?
노후에 사용할 수 있는 자금	3억 1,800만 원

자가 생긴다.

저축을 충분히 했어도 저금 잔액이 줄어들면 불안한 법이다. 그러니 아내가 정년퇴직하기 전까지 생활비를 조금씩 줄이려고 노력해야 한다.

예를 들어, 직접 요리해서 외식비를 줄이거나, 여행 경비를 줄일 수 없는지 검토하거나, 당장 줄일 수 있는 비용이 무엇인지 분석할 필요가 있다. 조금씩 지출을 줄이면 새로운 지역으로 이사한 다음에도 매달 정해진 예산으로 생활하기가 한결 쉬워진다.

또 C는 새로운 지역으로 이주한 후, 현재 거주하는 아파트를 어떻게 할지 결정하지 않았다. 65세에 대출 잔액은 7,200만 원이다. 현재 거주하는 지역이 입지가 좋아서 지은 지 26년 된 아파트라도 대출 잔액보다 높은 가격으로 매각할 수 있을 것이다.

만약 임대로 내놓는다면 다음 사항들을 면밀하게 고려해야 한다.

- 비용: 고정 자산세, 관리 위탁료, 화재 및 지진 보험, 대규모 수선 비용, 원상회복비
- 리스크: 공실 가능성, 재건축 가능성, 공실일 경우 월세 수입이 없는 상태로 대출금을 내야 하는 점
- 기타 주의사항: 주택 담보 대출에서 투자용 대출로 대출 변경, 금리 조건에 따라서 월 이자가 50만 원 이상 증가할 수도 있음

집을 임대로 내놓고 월세를 받는다면 노후에 수입을 얻을 수 있어서 좋다. 하지만 부동산 투자에 숨은 리스크와 비용에 유의해서 노후를 대비해야 한다.

최종적으로 C가 세운 연간 목표를 보자.

C는 자녀가 있는 A, B보다 큰돈이 들 일은 적다. 그래서 인생 계획을 비교적 수월하게 세울 수 있다. 사실 C처럼 맞벌이에 아이가 없는 경우, 인생 계획을 세우지 않아도 가까운 미래에는 아주 여유롭게 생활할 수 있을 것이다. 하지만 그만큼 낭비하기 쉽다는 함정도 있다. 인생 계획을 설계해 미래를 내다보고, 어려움 없이 방향을 수정할 수 있다면 더욱 윤택한 삶을 살 수 있을 것이다.

C의 연간 재무 목표

1년 후의 상태
• 아내가 정년퇴직한 후의 생활을 구체적으로 상상할 수 있게 되었다. • 이사하고 나서 현재 거주하는 아파트를 어떻게 할지 명확해졌다.
6개월 후의 상태
• 생활비를 재검토했다. • 자산 운용과 부동산 투자 공부를 시작했다.
3개월 후의 상태
• 가계부를 쓰기 시작했다. • 아파트의 임대 시세를 조사하기 시작했다.

사례 4 가나가와현 요코하마시에 거주하는 미혼 여성 D

- 39세, 연봉 6,000만 원(실수령 4,600만 원)
- 임대(월세 80만 원 + 관리비 8만 원/월), 자동차 없음

자산·부채 상황

- 현재 저축액: 7,500만 원
- 저축형 보험: 1억 원(60세부터 10년간 매년 1,000만 원 수령)

예상 노후 자금

- 예상 퇴직금: 8,000만 원(60세 예정)
- 예상 연금: 1,500만 원

희망하는 노후 생활

- 가능하면 결혼하고 싶다. 45세까지 결혼하지 못하면 본가로 이사할 수도 있다.
- 본가를 셰어하우스로 개조해서 미혼인 여성 친구와 함께 새로운 생활을 즐기고 싶다.
- 정년퇴직하면 그동안 열심히 일한 보상으로 호화로운 해외여행을 떠나고 싶다.
- 연간 생활비는 2,400만 원(월 200만 원)이다.
- 생활비로 쓰는 돈을 제외한 1억 5,000만 원은 여행비와 요양비로 쓰고 싶다.

D의 손익 계산서

비용	
기본 생활비 (식비, 수도 광열비, 통신비, 일회용품 등)	1,200만 원
주거 관련비 (집세, 주택 담보 대출, 관리비, 고정 자산세 등)	1,060만 원
차량비 (주차비, 주유비, 자동차세 등)	0만 원
교육비 (학교 교육비, 학원비 등)	0만 원
보험료 (모든 가족의 생명 보험, 의료 보험 등)	200만 원
기타 지출 (여가비, 여행비 등)	600만 원
이익(저축 = 잉여금) (수입에서 총지출을 뺀 금액)	1,540만 원

비용 합계 A	4,600만 원
1개월당 지출	255만 원
예상하지 못한 일을 위한 대비 자금(6개월분)	1,530만 원

수입(실수령액)	
급여 수입	4,600만 원
기타 수입 (자녀 수당, 부업, 부동산 임대료 등)	0만 원

수익 합계 B	4,600만 원

D의 대차대조표

자산	
현금 자산(보통·정기 예금, 재형저축 등)	7,500만 원
저축형 보험(학자 보험, 정기 요양 보험 등)	1억 원
주식	0만 원
채권	0만 원
투자 신탁·ETF(기업형 DC 등도 포함)	0만 원
주택(현재 시장 가격)	0만 원
기타(금, 투자용 부동산 등)	0만 원

자산 합계 A 　　　　　1억 7,500만 원

주택을 제외한 자산 　　1억 7,500만 원

현금 자산 　　　　　　　7,500만 원

예상하지 못한 일을 위한 대비 자금(6개월분) 　1,530만 원

부채	
주택 담보 대출	0만 원
자동차 대출	0만 원
카드 대출	0만 원
학자금 대출	0만 원
기타	0만 원

부채 합계 B 　　　　　0만 원

자산 합계 A − 부채 합계 B = 순자산 　1억 7,500만 원

D의 인생 계획표

(단위: 만 원)

연도	2023	2024	2025	2026	2027	2028	2029	2030	2031	2032	2033	2034	2035	2036	2037
(여성)의 나이	39	40	41	42	43	44	45	46	47	48	49	50	51	52	53
( )의 나이															
( )의 나이															
( )의 나이															
( )의 나이															
생활 사건															
A: 사건 비용															
B: 수입의 증감															
C: 저금 잔액 (전년의 저금 잔액+D)	7,500	9,040	10,590	12,130	13,680	15,220	16,760	18,310	19,850	21,400	22,940	24,480	26,030	27,570	29,120
D: 매해의 저축액 (현재의 연간 저축액+B)	1,540	1,540	1,540	1,540	1,540	1,540	1,540	1,540	1,540	1,540	1,540	1,540	1,540	1,540	1,540

연도	2038	2039	2040	2041	2042	2043	2044	2045	2046	2047	2048	2049	조정	합계
(여성의 나이)	54	55	56	57	58	59	60	61	62	63	64	65		
( )의 나이														
( )의 나이														
( )의 나이														
( )의 나이														
생활 사건							퇴직금 8,000, 개인연금 수령 1,000, 해외여행 1,000	정년 후 수입 ▲ 4,600, 개인연금 수령 1,000	개인연금 수령 1,000	개인연금 수령 1,000	개인연금 수령 1,000	개인연금 수령 1,000	개인연금 수령 1,000 × 나머지 4년	
A: 사건 비용							1,000						1,000	1,000
B: 수입의 증감							9,000	-3,600	-3,600	-3,600	-3,600	-3,600	4,000	-5,000
C: 자금 잔액 (전년의 자금 잔액 + D)	30,660	32,200	33,750	35,290	36,840	38,380	48,920	46,870	44,810	42,760	40,700	38,640		41,640
D: 배해의 저축액 (현재의 연간 저축액 + B)	1,540	1,540	1,540	1,540	1,540	1,540	10,540	-2,060	-2,060	-2,060	-2,060	-2,060		32,690

D는 수입에 비해 알뜰하게 생활하고 있다. 매우 훌륭하지만 조금 더 즐거운 인생을 그려도 좋을 것 같다. 예를 들어, 가까운 미래에 결혼해서 남편과 함께 바닷가 마을에 살며 해양 스포츠를 즐기는 미래를 그리면 어떨까?

D는 결혼하지 않으면 본가에 들어가 살다가 아주 나중에는 본가를 셰어하우스로 개조해서 친구와 함께 살 생각도 하고 있다. 주거비 변동이나 리모델링 비용 등을 대략적으로라도 조사해두면, 나중에 발생할 지출 비용을 가늠할 수 있을 것이다.

한편 노후 자금을 마련할 대책을 세우긴 했지만, 여전히 희망하는 금액에는 약간 미치지 못한다. 사실 D는 경영 컨설턴트라는 고도의 전문직으로 일하고 있다. 따라서 자신이 가진 전문 지식을 활용해 부

D의 노후 시뮬레이션

공적 연금	1,500만 원/년
생활비	2,400만 원/년
연간 적자	900만 원
66~95세에 필요한 노후 자금	2억 7,000만 원
기타 자유롭게 사용할 수 있는 비용	1억 4,640만 원
결론	희망 금액인 1억 5,000만 원보다 약 400만 원 부족하다.
비용이 부족할 때 대비 방법	• 부수입을 얻을 방법을 고민한다. • 60세 이후에 어떻게 일할지 고민한다. • 투자 신탁 등으로 자산을 늘린다.
노후에 사용할 수 있는 자금	4억 1,640만 원

업으로 컨설팅을 할 수도 있을 것이다.

부업이 어렵다면 무리하지 않는 범위 내에서 65세까지 일하는 상황을 검토하면 좋다. 그러면 갑작스러운 사건이 발생하더라도, 미래에 조금 더 여유로운 생활을 할 수 있을 것이다.

D는 아직 30대다. 노후까지 시간은 충분하다. 매달 20만 원이라도 좋으니, 적립식 투자를 시작하면 부족한 노후 자금을 쉽게 마련할 수 있다. 이에 관한 정보는 5장에서 다루겠다.

D는 이런 점들을 반영해 연간 재무 목표를 세웠다.

D의 연간 재무 목표

1년 후의 상태
• 배우자와 즐겁게 살아가는 인생 계획을 그려본다.
• 60~65세에 어떻게 일할지 명확해졌다.
• 더욱 풍족한 노후를 위해 적립식 비과세 투자나 개인형 퇴직연금으로 자산 운용을 시작했다.
• 본가를 셰어하우스로 만들려면 어떻게 리모델링을 해야 할지 명확해졌다.

6개월 후의 상태
• 자신감을 가지고 결혼 상대를 찾고 있다.
• 경력에서 무엇이 강점인지 명확해졌다.
• 가장 적절한 자산 운용이 무엇일지 명확해졌다.

3개월 후의 상태
• 정말 살고 싶은 인생을 위해 자신의 강점과 약점을 파악했다.
• 어울리는 화장과 옷 유형을 알았다.
• 돈 공부를 시작했다.

D에게 일어날 수 있는 생활 사건은 매우 다양하다. 앞으로 그중 어떤 사건이 생길지는 알 수 없다. D와 같은 사례는 특히 인생 계획을 세울 때 '즐겁게 미래를 상상하는 것'이 핵심이다. 돈을 대하는 가치관을 제대로 알고 있으면 지나치게 미래를 불안해하지 않고, 착실하게 목표를 이룰 수 있다.

인생 계획을 세우고 불안해졌다면

혹시 노후 자금이 부족한 현실을 마주했는가? 인생 계획을 세우고 노후가 걱정되어 불안해질 수도 있고, 사례를 보고 '비슷한 상황인데, 나는 돈을 전혀 모으지 못했다'라면서 우울해질 수도 있다. 하지만 자신을 탓하지 말자. 돈을 모으려면 뇌를 들여다봐야 한다는 사실을 이제 알았을 뿐이다.

나를 포함한 많은 사람이 파이낸셜 테라피로 불안한 마음을 극복하고 있다. 만약 불안한 감정이 차오른다면 우선 마음을 진정시키자. 그리고 깊게 숨을 내쉬며 불안한 감정을 충분히 인정하자.

그런 다음 처음에 왜 인생 계획을 설계하기 시작했는지를 떠올려보라. 바로 자신의 가치관에 맞는 인생을 살기 위해서다. 돈은 그 꿈을 이루기 위한 도구일 뿐이다. 그 점을 염두에 두고, 뇌에 새로 새긴 돈을 대하는 긍정적인 가치관과 '인생의 수레바퀴'를 다시 떠올려라.

인생은 한 번뿐이다. 이 소중한 시간을 불안해하면서 보낼 수는 없다.

파이낸셜 테라피와 함께라면 현재를 알차게 보내면서 노후 걱정 없이 살 수 있다. 파이낸셜 테라피로 돈을 대하는 가치관과 마주하면 분명히 알맞은 인생 계획을 세울 수 있다. 사례는 어디까지나 하나의 사례일 뿐, 누구에게나 정답은 아니라는 사실을 기억하자.

노후 자금을 늘리려면
기억해야 할 3가지

인생 계획을 세우고 보니 노후 자금이 충분하다면 이미 좋은 습관이 몸에 배어 있는 것이다. 그런 사람은 우쭐해하지 말고, 앞으로도 좋은 습관을 꾸준히 유지하기를 바란다.

노후가 불안한 사람은 우선 '중요하게 생각하는 돈의 가치관'과 '인생의 수레바퀴'를 되돌아보라. 그리고 다시 한번 차분하게 앞으로의 인생을 즐겁게 상상해보자. 마음이 진정되고 난 다음에 노후 자금을 어떻게 마련할지 고민하면 된다.

현명하게 노후 자금을 늘리기 위해서는 꼭 다음의 순서를 지켜야 한다.

① 수입을 올린다.

② 지출을 정리한다.

③ 장기적 운용으로 자산을 늘린다.

참고로 여기에 절약과 고위험 투자는 포함하지 않았다. 상대적으로 불확실해서 자금이 줄어들 수 있기 때문이다. 가령, 절약으로 부족한 노후 자금을 메꾼다고 해보자. 그러면 계속 참고 인내해야 해서 스트레스가 쌓이고 불안이 높아진다. 또는 운용으로 자산을 크게 늘리려고 한다면 고위험 투자에 손을 댈지도 모른다. 하지만 이 방법은 너무 위험하다.

따라서 이 책에서는 현명하게 노후 자금을 늘리는 방법을 세 가지로 좁혔다.

① 수입을 올린다

대략적인 인생 계획은 '현재의 수입과 지출이 유지된다'를 전제로 한다. 그래서 기본적으로 월급 인상은 고려하지 않는다.

이 책을 여기까지 읽은 사람은 앞으로 돈 공부를 열심히 할 것이다. 그리고 수입을 늘릴 수 있는 충분한 기술과 실력을 갖추고 있다. 그러니 긍정적으로 미래를 그리기 바란다. 만약 노후 자금이 부족하다면 더 오래 일하거나 부수입을 얻는 방법 등을 생각하라.

② 지출을 정리한다

10원 단위까지 신경 써서 절약하라는 뜻이 아니다. 그런 방법은 인내심을 강요하고 삶의 질을 크게 떨어트려서 좋지 않다. 주거비나 교육비 등 큰 지출을 정리하라는 말이다. 가치관을 무시하면서까지 지출을 줄일 필요는 없지만, 타협할 수 있는 부분은 줄이자.

절약에 관한 더 자세한 내용은 6장의 '마음을 풍요롭게 만드는 4가지 습관을 길러라'를 참고하자.

③ 장기적 운용으로 자산을 늘린다

앞에서 살펴본 사례 1을 예로 들어 운용으로 자산을 어떻게 늘릴 수 있는지 말해보겠다.

시뮬레이션을 해보니 A는 노후 자금 4,720만 원이 부족하다는 가혹한 결과가 나왔다. 하지만 남편이 일하고 있는 회사에서 운영하는 기업형 DC 제도를 활용해 투자 신탁 3천만 원을 운용하고 있다.

구체적으로 살펴보면, 회사가 매달 월급에서 20만 원씩 미리 가져가고, 그 돈으로 남편이 선택한 투자 신탁을 매입해 운용하고 있다. 2046년까지 23년간 계속 적립한다면 원금은 5,520만 원이며, 연 이자율 5%로 운용할 수 있다면 1억 320만 원이 될 것이다.

이처럼 매달 넣는 금액은 적더라도 장기적으로 운용하면 노후 자금에 큰 보탬이 된다. 그러니 노후 자금이 부족하다고 비관하지 말고 대책에 집중하자. 자세한 내용은 5장에서 설명하겠다.

인생의 주인공은 자기 자신이다. 돈은 인생의 목적이 아니라, 꿈을 이루기 위한 도구라는 사실을 잊어서는 안 된다. 꿈꾸는 삶을 실현하기 위해 목표를 세우고 실행하자.

FINANCIAL THERAPY

구체적인 숫자를 눈으로 확인하면 실망할 수도 있다. 하지만 과거를 후회하기보다 '앞으로 어떻게 할 것인가?'를 고민하고 실천하는 태도가 더 중요하다. 꿈꾸는 미래로 가는 첫걸음은 나다운 인생 계획을 세우는 것이다.

THE
BRAIN
SCIENCE
OF
MONEY

5장

모은 돈을
확실히 굴리는
비법 5가지

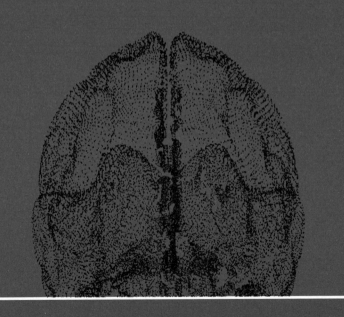

이 세상 모든 사람은 끊임없이 내적 전투를
벌이고 있다. 바로 이성이 옳다고 인식하는 것과
감성이 요구하는 것 사이의 전투다.

오프라 윈프리(Oprah Winfrey)

저축은 안전하고
투자는 위험하다?

지금까지 돈을 못 모으게 만든 뇌의 정보 처리 과정을 바꾸고, 자신의 가치관에 맞는 인생 계획을 세워봤다. 이제 본격적으로 자산 운용을 시작할 차례다.

투자를 시작하는 방법을 알려주는 정보는 여기저기 많다. 그러나 리스크를 줄이고, 되도록 안전하게 자산을 운용하기 위한 이론이나 사고방식을 알려주는 정보는 적다.

아무리 많은 투자 정보를 봐도 부족하다고 느끼는 이유가 아마도 여기에 있을 것이다. 리스크를 줄일 수 있는 정보를 충분히 얻지 못했기 때문이다.

그래서 이번 장에서는 먼저 자산을 운용할 때 가져야 할 마음가짐을 설명하고, 자산을 안전하게 운용하는 방법을 다양한 자료와 함께 살펴보겠다.

100% 안전한
상품은 없다

━━━━━━

투자 상품은 현금 예금과 달리 원금이 보장되지 않는다. **100% 안전한 투자 방법은 없다**는 뜻이다. 만약 투자 상품인데도 '원금 보장'이라고 강조한다면 그것은 사기다.

혹시 이 말에 덜컥 겁이 나서 '저금으로도 충분해'라고 생각했는가? 그런 사람들에게 전하고 싶다. 인플레이션 상황에서는 현금도 리스크다. 앞에서도 말했지만, 물가가 오르면 지금과 같은 가격으로 물건을 살 수 없다. 물건의 가치는 상승하는 반면, 현금의 가치는 하락하

인플레이션율과 현금 가치의 관계

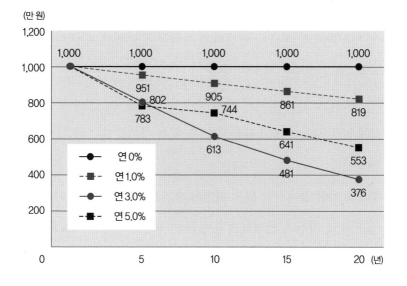

기 때문이다.

가령 인플레이션율 3%가 계속되면, 오늘의 1,000만 원은 10년 후에 740만 원, 20년 후에는 550만 원으로 가치가 떨어진다. 따라서 현금의 상대적 가치가 떨어지지 않도록 하려면 인플레이션율보다 높은 이율로 자산을 운용해야 한다.

한편 일본 금융청에 따르면, 20년 동안 매달 같은 금액으로 국내외의 주식과 채권을 매입해 보유하면 연간 2~8%의 이익으로 운용할 수 있다고 한다. 1,000만 원이 20년 후에는 1,850~3,210만 원이 된다는 말이다. 물론 원금이 보장되지는 않으며, 과거 데이터를 기반으로 한 계산이라서 매년 반드시 2~8%의 이익이 나는 것은 아니다.

반드시 기억하자. 현금을 포함해 세상에 100% 안전한 금융 상품은 없다. 그렇기에 더더욱 올바른 지식을 바탕으로 스스로 판단할 수 있어야 한다.

FINANCIAL THERAPY

투자할 때 리스크를 완전히 없앨 수는 없다. 돈은 가치관, 감정과 깊이 연결되어 있으므로 예상치 못한 일이 생겼을 때 뇌가 잘못된 판단을 하지 않도록 올바른 지식을 쌓자.

중요한 것은 '어떤 상품이 수익을 내는가?'가 아니다

정답만 알고 싶어 하면
뇌가 함정에 빠지기 쉽다

SNS에는 어떤 상품에 투자해야 돈을 벌 수 있을지, 그 정답을 찾고 있는 사람들이 많이 보인다. 한번은 수강생에게 왜 정답을 찾고 싶어 하는지 물었더니, 인상적인 대답이 돌아왔다.

"그 마음이 너무 이해돼요. 저도 처음에는 유튜브로 공부했거든요. 하지만 이것저것 조사해도 어렵기만 하고, 단편적인 정보밖에 없어서 어떻게 해야 할지 모르겠더라고요. 그래서 제대로 공부하려고 이 강의를 신청했어요. 그런데 많은 사람이 '투자는 이게 정답이다'라는 내용만 알 수 있으면 충분하다고 생각하더라고요."

이처럼 '무엇이 정답인지 그것만 알고 싶은 사람'은 함정에 빠지기 쉽다. **답을 알려준다는 사람의 전략에 걸려들기 때문**이다. 때로는 뇌가 확증 편향에 빠져 잘못된 정보에 휘둘리기도 한다. 뇌가 수많은 정보를 빠르게 판단하고 처리하려고 자신의 신념과 일치하는 정보만 취한 것이다.

SNS에서는 '요즘 유행하는'이나 '장안의 화제'라는 제목이 붙은 게시물을 쉽게 볼 수 있다. 물론 그중에는 자신에게 딱 필요한 정보도 있을 것이다. 만약 자신에게 어떤 정보가 필요하고 불필요한지 스스로 구분할 수 있다면, 그 정보는 매우 유익하게 활용할 수 있다.

반대로 스스로 구분할 수 없다면 주의해야 한다. 단편적인 정보를 서로 연결하여 뇌가 마음대로 해석하기 때문이다.

특히 '아는 사람만 아는 비밀스러운 투자 상품이 있지 않을까?'라고 생각하는 사람은 주의해야 한다. 이런 사람은 '여기에 투자하면 반드시 돈을 번다'라는 투자 사기에 걸려들 확률이 상당히 높다.

속이는 사람은 전문가다. 사기를 벌이는 사람은 다음과 같은 수법으로 마음의 틈을 파고든다.

'돈 걱정을 해결할 방법이 있습니다. ○○ 상품이 그 답입니다. 소개받은 사람만 들어갈 수 있는 추천인 한정 상품입니다. 원금도 보장합니다.'

연애 감정을 이용한 투자 사기도 많다. 소개팅 앱이나 SNS로 알게 된 사람이 "우리의 미래를 위해 투자하자"라며 달콤한 말로 투자 이야기를 꺼내는 식이다.

금융 전문가가 아닌 사람이 투자 상품을 권유하면, 반드시 금융상품거래업(금융투자업)에 등록되어 있는지 물어보자. 만약 "아니요"라고 대답하면 절대 계약하면 안 된다.

무엇보다 '스스로 답을 내리는 힘'을 길러야 한다. 믿을 수 있는 책을 읽거나 강의를 들어서 체계적으로 힘을 키우자.

최소한의 금융 지식을 쌓아서 스스로 판단하고 운용하는 힘을 기르는 것이 곧 자기 자신을 지키는 길이다. 그렇지 않으면 영원히 누군가에게 의존하고 착취당하게 된다. 정말 경제적으로 풍요로운 삶을 살고 싶다면, 적어도 스스로 판단할 수 있을 만큼은 배우자.

여담으로 투자 사기와 관련해서 흥미로운 뇌과학 연구가 있다. 스탠포드 대학교의 브라이언 넛슨(Brian Knutson)과 예일대학교의 사마네즈 라킨은 금융 투자 사기 피해자들과 비피해자들의 인지능력, 경제적 의사결정을 할 때 뇌 활동 기능 등을 조사했다.

그랬더니 두 집단이 인지능력이나 위험 추구 성향에서는 큰 차이를 보이지 않았으나, 사기 피해자들은 충동 조절과 관련 있는 전전두엽 피질의 활동이 감소했다. 즉, 금융 투자 사기 피해자들이 의사결정을 할 때 충동을 조절하는 능력이 떨어진다는 것이다. 만약 자신이 충동을 잘 조절하지 못한다면 특히 조심할 필요가 있다.

상품마다 리스크가
다르다

―――――

앞에서도 설명했지만, 투자 리스크는 '위험'을 뜻하지 않는다. 예측할 수 없는 '가격의 불균형과 변동 폭'을 의미한다.

진자를 떠올려 보라. 진자는 진동 폭이 클 수도 있고, 작을 수도 있다. 큰 이익을 원하면 큰 리스크를 감수하고, 작은 이익으로도 괜찮다면 작은 리스크를 감수하면 된다.

앞에서 말했듯 리스크에는 크게 '시장 리스크', '신용 리스크', '유동성 리스크'가 있다. 여기에서는 추가로 금융 상품과 지역에 따라 생기는 리스크를 설명하겠다. 중요한 내용을 쉽고 정확하게 기억할 수 있도록 꼭 알아야 할 내용만 다룰 것이다. 이미 알고 있다면 건너뛰어도 괜찮다.

주요 금융 상품은 일곱 가지가 있다. 이제 각 상품의 리스크를 간단하게 살펴보자.

① 주식

주식회사가 자금을 출자한 사람에게 발행하는 유가 증권이다. 회사 실적이 좋으면 주가가 올라서 주주들은 배당금이나 매각에 따른 이익을 얻을 수 있다. 반면 실적이 나쁘면 주가가 하락하고, 상장 폐지가 되면 주식이 종잇조각이 될 수도 있다.

주식은 금융 상품 중에서 비교적 리스크와 리턴이 높은 편이다. 따라서 손실을 볼 수 있으므로, 사업 내용이나 경영 상태를 파악하고 종목을 선정해야 한다.

② 채권

국가나 지방자치단체, 기업 등의 발행처가 투자자로부터 자금을 차입하기 위해 발행하는 유가 증권이다. 투자자가 발행처에 돈을 빌려주고 이자를 받다가, 만기가 되면 빌려준 돈(액면 금액)을 돌려받는다.

발행처에 지급 능력이 있는 한 이자와 빌려준 돈을 받을 수 있으므로, 주식보다는 리스크와 리턴이 낮다.

③ 투자 신탁

투자자에게서 모은 자금을 사용해 운용 전문가가 주식이나 채권 등에 투자 및 운용하는 상품이다. 투자 비율과 운용 결과에 따라 수익이 분배된다. 이 상품은 대상 자산에 따라 가격 변동 등의 리스크와 리턴이 다르다.

④ 부동산

부동산 투자에는 거주용 아파트나 단독주택 등 실물 부동산을 보유하는 방식 외에도 다양한 방법이 있다. 소액으로 부담 없이 부동산에 투자할 수 있는 리츠(REITs, Real Estate Investment Trusts)가 대표적이다. 대상 부동산이나 지역에 따라서 다르지만, 리츠의 리스크와 리턴은 주식과 채권의 중간 정도다.

⑤ 금

금을 흔히 '유사시의 화폐'라고 표현한다. 그만큼 금은 전쟁 등 세계 경제를 뒤흔드는 상황에서 자산의 도피처로 꼽혔다. 하지만 금은 생각만큼 안전하지 않다. 가격 변동 등 높은 리스크에 비해 리턴은 그다지 높지 않기 때문이다.

게다가 채권처럼 이자가 붙지 않고 주식처럼 배당이 나오지도 않는다. 따라서 금은 주력으로 투자하기보다 조연처럼 곁들이는 투자 상품으로 보자.

⑥ 외환(FX)

외환은 가장 친숙한 투자 상품일지도 모르지만, 고위험·고수익 상품이다. 외환은 주말과 공휴일을 제외하고 24시간 거래되며 가격 변동도 크다. 잠을 자는 동안 가격이 크게 움직일 수 있어 투자 초보자에게는 추천하지 않는다.

만약 외환의 이점을 누리고 싶다면 해외 주식이나 해외 채권에 투자하는 방법도 있다. 단, 외환 뉴스에 과도하게 휘둘리지 않도록 주의해야 한다.

⑦ 상품선물

정해진 기일에 대상이 되는 자산을 정해진 가격으로 매매할 것을 약속하는 거래다. 이 상품도 고위험·고수익 상품이라서 초보자에게는 적합하지 않다. 원유와 금, 옥수수, 전력, 고무, 콩 등이 대표적이다.

한 가지 더 기억해야 할 점이 있다. 같은 상품이라도 대상 지역에 따라 리스크와 리턴이 달라진다는 사실이다. 예를 들어, 같은 자산이라도 국내보다 해외가 리스크와 리턴이 더 크다. 왜 그럴까?

바로 '외환 리크스' 때문이다.

금융 상품의 종류와 각 상품의 리스크와 리턴

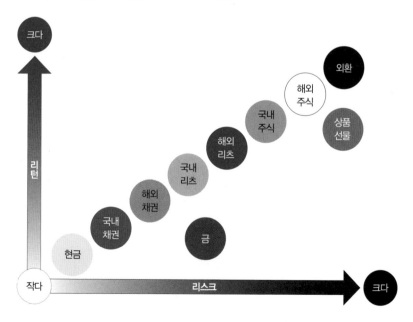

해외 상품을 매입할 때는 국내 통화에서 외화로, 매각할 때는 외화에서 국내 통화로 전환해야 한다. 따라서 상품 본래의 가격 변동에 환율 변동이라는 요인이 더해진다. 그만큼 리스크와 리턴도 더 커진다.

또 국가에 따라 리스크와 리턴이 달라진다. 선진국과 아시아 신흥국을 비교해보자. 선진국은 경제가 안정적인 만큼 경제 성장은 제한적이다. 반면 신흥국은 선진국에 비해 경제 기반은 불안정하지만 발전할 가능성이 있다. 즉, 신흥국이 선진국보다 고위험·고수익이라고 볼 수 있다.

나의 투자 위험 감수도는 어느 정도일까?

'위험을 감수해서라도 자산을 늘리고 싶다!'라고 생각하는 사람도 있고, '자산이 줄어드는 건 싫어. 저위험 상품부터 시작하자!'라고 생각하는 사람도 있다.

운용 성과가 마이너스가 되었을 때 받아들일 수 있는 손실 범위를 '투자 위험 감수도(Risk tolerance)'라고 한다. 투자 위험 감수도는 사람마다 다르다. 운용에 대한 사고방식과 투자 경험, 나이, 가족 구성, 소득 전망, 지출과 저축 상황 등 다양한 요인이 투자 위험 감수도에 영향을 미친다.

투자 위험 감수도 측정 기준

	소극적	① 리스크에 관한 생각	적극적	
투자 위험 감수도 낮음 ↓ **안정적 운용**	없다	② 투자 경험	있다	**투자 위험 감수도 높음** ↓ **적극적 운용**
	짧다	③ 운용할 수 있는 기간(나이)	길다	
	감소한다	④ 수입과 자산의 전망	증가한다	
	증가한다	⑤ 지출의 전망	감소한다	

측정 기준 표를 보면서 자신의 투자 위험 감수도는 어느 정도인지 생각해보라. 그러면 자신의 투자 성향을 알 수 있고, 어떻게 자산 운용을 할지 참고할 수 있다.

투자 상품마다 다양한 리스크가 있고, 리스크를 얼마나 감당할 수 있는지는 사람마다 다르다. 투자 위험 감수도는 자산 배분을 결정할 때 중요한 판단 기준이 되기도 한다.

리스크와 마주하는
전략 3가지

이제 리스크와 능숙하게 마주하는 방법을 자세히 알아보자. 세계적인 금융기관에서도 활용하고 있는 방법들을 소개하겠다. 전문 용어를 외울 필요는 없고, 이미지로만 기억해도 충분하다. 누구나 쉽게 사용할 수 있는 전략이니 꼭 실천해보기를 바란다.

① 핵심 & 위성 전략

투자는 균형이 중요하다. 갑자기 자금을 몽땅 고위험·고수익 상품에 투자해버리면 일상생활에 영향을 미친다.

우선 투자 초보자는 '안정적 운용'을 목표로 하자. 저위험 상품에 투자하거나 소액부터 꾸준히 투자 신탁에 적립하면 좋다. 개인 투자자는 이렇게만 해도 충분하다.

만약 개별 주식 등 **고위험 상품에 투자하고 싶다면 전체의 20% 이**

내로 해라. 예상하지 못한 일을 위한 대비 자금과 10년 이내에 사용할 자금, 노후 자금을 남겨 두고 여유 자금으로 투자해야 한다.

- 핵심 부분(80%): 안정적 운용(저위험·분산 투자, 투자 신탁의 장기 적립 등)
- 위성 부분(20%): 적극적 운용(개별 주식, 신흥국의 주식 및 채권 등)

덧붙여서 10년 이상 지나고 사용할 노후 자금이나 교육비, 주택 매입비는 적립식 비과세 투자나 개인형 퇴직연금, 기업형 DC 제도 등을 활용해 대비하자.

자산 배분의 기준

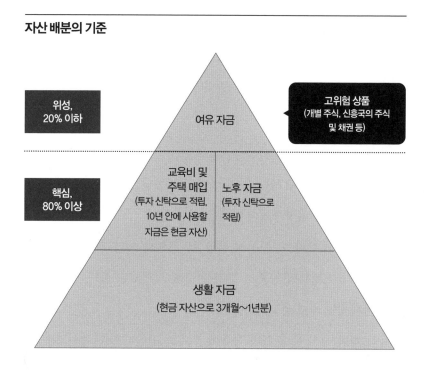

② 장기·적립·분산 투자

투자는 장기적으로 운용하는 게 좋다. 특히 주식은 단기간에는 가격 변동이 심해도 시간이 지나면서 주가가 쉽게 오르기 때문이다.

주식회사는 언제나 실적 향상이나 사업 확대를 목표로 한다. 전 세계의 경제도 마찬가지다. 지금보다 10년 후, 20년 후, 나아가 30년 후에 더 발전할 수 있도록 전 세계 사람들이 경제 활동을 하고 있다. 그 결과 다음 그래프처럼 전 세계 주식을 대상으로 하는 지표도 상승하고 있다. 그래서 주식과 채권을 조합해 운용하면 더욱 안정적인 수익을 기대할 수 있다.

전 세계 주식의 움직임

출처: Trading View 발췌, ISHARES MSCI ACWI ETF 2023년 6월 1일 종가

다음으로 어떤 상품에 투자하면 좋을지 생각해보자. 이때 어떤 상품을 선택할지가 아니라 **다양한 상품, 지역에 분산해서 투자하는 것이 더 중요하다**'라는 사실을 꼭 기억해야 한다. 그렇게 해야 리스크와 리턴을 분산할 수 있다. 이런 투자 방식을 '분산 투자'라고 한다.

앞에서 '달걀은 한 바구니에 담지 마라'라는 투자 격언을 말했다. 예를 들어, A가 주식에만 투자했다고 해보자. 이는 바구니 하나에 모든 달걀을 담은 상황과 같다. 만약 그 바구니를 떨어트리면 달걀이 전부 깨질 수도 있다.

반면 B는 주식에 40%, 채권에 50%, 리츠에 10%를 투자했다. 즉, 달걀을 바구니 세 개에 나누어 담은 것이다. 이렇게 하면 주식 바구니를 떨어트려도, 나머지 바구니는 무사하므로 위험을 분산할 수 있다.

어떻게 분산 투자를 해야 할지 막막하다면 다음 세 가지 선택지를 순서대로 따라 해라.

- 다른 상품 선택하기: 주식, 채권, 리츠, 금 등
- 다른 지역 선택하기: 국내, 해외
- 세밀하게 지역 선택하기: (해외 중에서도) 선진국 또는 신흥국

상품이나 지역 말고도 분산 투자하는 방법이 있다. 바로 '적립'이다. 매입하는 시기를 분산하는 방식으로, '정액 적립'과 '정량 적립' 두 종류가 있다. 그중에서도 '정액 적립'을 추천한다.

리스크를 분산시키는 분산 투자

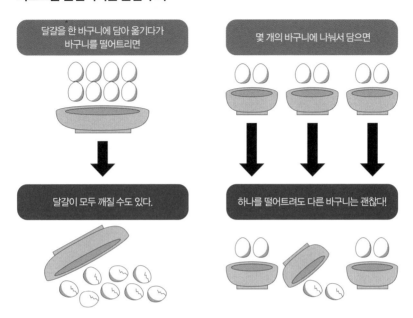

정액 적립은 '금액'을 정해서 매달 그 금액으로 살 수 있는 만큼만 상품을 매입하는 방식이다. 가격이 내려갔을 때는 많이 매입하고, 가격이 올랐을 때는 적게 매입하므로 평균 구매 단가를 조절할 수 있다. 그 결과 가격의 변동 폭을 줄이는 효과를 기대할 수 있다.

반면, 정량 적립은 매달 매입하는 상품의 '수량'을 정해두는 방식이다. 상품 가격이 내려가든 올라가든 계속 같은 수량을 매입하기 때문에 가격 변동에 영향을 받기 쉽다.

다음 그래프와 표를 보면 두 적립 방식의 차이를 쉽게 이해할 수 있을 것이다.

주가 변동에 따른 정액 적립과 정량 적립의 차이

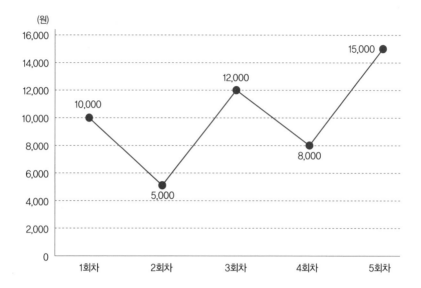

		1회차	2회차	3회차	4회차	5회차	합계	1주당 평균 매입가
1주당 가격		10,000원	5,000원	12,000원	8,000원	15,000원		
정액 적립으로 매회 30만 원씩 매입했을 때	자금	300,000원	300,000원	300,000원	300,000원	300,000원	1,500,000원	8,700원
	매입 수량	30주	60주	25주	37.5주	20주	172.5주	
정량 적립으로 매회 30주씩 매입했을 때	자금	300,000원	150,000원	360,000원	240,000원	450,000원	1,500,000원	10,000원
	매입 수량	30주	30주	30주	30주	30주	150주	

정액 적립 방식이 더욱 싸게 많이 살 수 있다.

③ 인덱스 펀드

'닛케이 평균'이나 '토픽스(TOPIX, Tokyo stock price index)'를 들어본 적 있는가?

'닛케이 평균'은 도쿄증권거래소 프라임 시장에 상장하는 기업 가운데, 일본을 대표하는 225개 기업의 평균 주가지수다. 종목은 니혼게이자이 신문사가 유동성과 업종의 균형 등을 고려해 선택한다. '닛케이 평균 주가', '닛케이225'라고도 불린다.

한편 TOPIX는 도쿄증권거래소에 상장한 종목을 산출 및 공표한 주가지수다. 이러한 지수를 '인덱스(또는 벤치마크)'라고 한다.

흔히 주식 투자는 투자자가 주식 종목을 직접 선택한다고 생각한다. 하지만 수많은 기업 가운데 자신에게 맞는 종목을 찾으려면 많이 공부해야 한다. 설령 충분히 공부했더라도, 일반 개인 투자자가 살 수 있는 종목은 많지 않다. 다시 말해 분산 투자하기에 충분하지 않다.

그래서 **초보 투자자에게 인덱스에 연동된 투자 신탁(인덱스 펀드)을 추천**한다. 인덱스는 '시장의 가격 움직임을 나타내는 지수'다. 예를 들어, 일본 주식에서는 닛케이 평균과 TOPIX가 유명하다. 닛케이 평균은 225종목, TOPIX는 약 2,200종목이 있다. 그래서 인덱스에 연동하는 투자 신탁을 선택하면 초보자도 비교적 안전하게 분산 투자를 할 수 있다.

또한, 다른 나라에도 다양한 인덱스 상품이 있다. 예를 들어, 미국

대표적인 인덱스 상품

일본 주식	선진국 주식(일본 제외)	신흥국 주식
닛케이 평균	다우 존스(미국)	MSCI 신흥 시장(신흥국)
TOPIX(도쿄증권거래소 주가지수)	S&P500(미국)	
	나스닥100(미국)	
	MSCI 코쿠사이 지수 (일본을 제외한 선진국)	
MSCI 선진국 지수(전 세계 주식, 소형주 제외) FTSE 글로벌 올캡(전 세계 주식, 소형주 포함)		

주식에서는 'S&P500'과 '다우 존스'가 유명하다. 대표적인 인덱스 상품을 표로 정리했다. 인덱스 상품을 고를 때 반드시 만나는 이름이니 알아두면 도움이 될 것이다.

참고로 '액티브 펀드'라는 투자 신탁도 있다. 액티브 펀드는 적극적 운용 전략에 해당하며, 인덱스 펀드를 넘어서는 운용 성적을 목표로 한다. 다만 어디까지나 목표로 할 뿐, 결과적으로 넘어설 때도 있고 아닐 때도 있다. 심지어 운용에 들어가는 비용이 인덱스 펀드보다 10배 가까이 높은 상품도 있다.

상품이나 경제 상황에 따라 다르기 때문에 단언할 수는 없지만, 결과적으로 인덱스 펀드가 운용 성적이 좋은 경우가 많다. 그러니 우선 인덱스 펀드로 평균을 노려라.

뇌의 보상 회로가
욕심쟁이로 변하지 않도록!

자산 운용을 시작해서 이득을 보면, '조금만 더'라는 욕심이 생기기 쉽다. 이득을 본 기쁨이 뇌의 보상 회로를 자극해 더 큰 이익을 얻고 싶다는 마음을 만들기도 한다. 그러다 리스크가 높은 상품에 투자하고 싶다는 생각이 들지도 모른다.

그럴 때는 '내가 자산 운용을 시작한 이유'를 떠올려 보자. 투자로 얻은 이익이 뇌의 보상 회로를 계속 자극하게 두면 투자에 중독될 뿐이다. 정말로 **꿈꾸는 미래를 실현하려면 리스크부터 관리**해야 한다. 그 사실을 잊지 말고 자산 운용을 계속해나가자.

FINANCIAL THERAPY

리스크를 능숙하게 다룰 줄 알아야 좋은 결과로 이어지기 쉽다. 방금 살펴본 세 가지 전략으로 리스크 관리에 힘쓰자.

눈덩이처럼 불어나는
복리의 힘

20세기 천재 물리학자 알베르트 아인슈타인이 "인류 최대의 발명"이라고 부른 것이 있다. 바로 '복리'다. 아인슈타인은 이렇게 말했다.

"복리를 이해한 사람은 돈을 벌지만, 이해하지 못한 사람은 돈을 낼 것이다."

복리는 한마디로 '이자에 이자가 붙는 것'이다. 즉 아인슈타인은 "복리를 이해하고 운용하면 자산은 눈덩이처럼 불어난다. 반대로 복리를 이해하지 못하고 돈을 빌리면 빚이 눈덩이처럼 불어난다"라고 말한 것이다.

한편 복리와 다르게 '단리'는 원금에만 이자가 붙는다. 이자로 늘어난 금액에는 이자가 붙지 않는다.

가령, 원금 1,000만 원에 매년 10%의 이자가 붙는다고 해보자. 단리로는 원금에 10%의 이자가 붙기 때문에, 매년 100만 원씩 늘어난다. 10년 후에는 '이자 100만 원 × 10년 = 1,000만 원의 이자'가 붙으므로, 10년 후의 자산은 2,000만 원이 된다.

반면 복리는 원금에 이자를 더해 계산한다. 1년 차 이자는 1,000만 원 × 10% = 100만 원, 2년 차 이자는 (1,000만 원 + 100만 원) × 10% = 110만 원, 즉 2년 차에는 총 1,210만 원이 된다.

1,000만 원을 단리와 복리로 운용했을 때의 차이

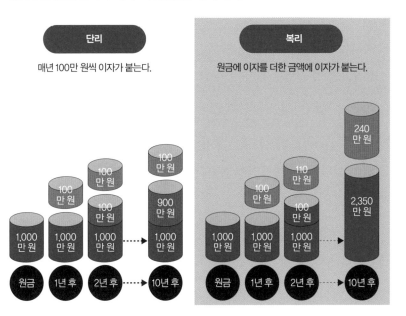

이렇게 계산하면 10년 차에는 이자의 합계가 약 1,594만 원이 되어, 자산의 합계는 약 2,594만 원이 된다. 단리로 계산할 때보다 약 590만 원이 더 많다.

투자의 신으로 이끄는
복리와 장기 투자

투자의 신으로 유명한 워런 버핏 역시 복리를 활용해 자산을 쌓았다. 버핏은 자산을 계속 늘리려면 "가장 쉽게 불어나는 눈덩이를 찾고, 그 눈을 언덕에서 최대한 오래 굴려야 한다"라고 강조했다. 즉, 배당금을 계속 낼 수 있는 종목을 찾아서 그 배당금을 가능한 한 오랜 기간 운용하라는 뜻이다.

버핏의 투자 전략은 10년 이상의 장기 투자가 기본이다.

현재 93세인 버핏은 자산의 95% 이상을 60대 중반 이후에 늘렸다. 즉 복리에는 20~30년 후에 '투자의 신'으로 만들어줄, 자산을 불리는 힘이 있다. 장기 투자에서 복리가 얼마나 강력한지 알 수 있는 대목이다.

참고로 버핏 역시 투자 초보자들은 좋은 개별 종목을 찾기 어려우므로 "인덱스 펀드를 장기로 운용하면 복리의 혜택을 충분히 누릴 수 있다"라고 말한 적이 있다. 투자의 신도 같은 생각을 하는 것이다.

투자 신탁은 이익을 다시 투자하기 때문에 복리 효과가 있다. 그러나 그중에는 정기적으로 투자자에게 배당금을 지급하는 분배형 상품도 있다. 분배형은 이익을 운용하지 않고 지급하므로, 그 이익을 직접 재투자하지 않는 한 복리의 혜택은 누릴 수 없다.

반대로 이익이 나지 않더라도 원금에서 떼어내 배당금을 지급하는 투자 신탁도 있다. 분배형 투자 신탁은 투자 효율이 높지 않으므로 선택하지 않는 것이 좋다.

눈덩이처럼 불어나는 복리의 힘을 이용하면 자산 운용의 결과가 크게 달라지니 꼭 기억하자.

FINANCIAL THERAPY

효율적으로 자산을 운용하려면 반드시 복리의 효과를 이해해야 한다. 금융 상품을 선택할 때도 꼭 확인하자.

투자 신탁을 선택할 때
꼭 알아야 할 것들

항상 비용을
먼저 확인한다

지금부터는 실제로 투자 신탁을 선택하는 방법을 알아보겠다.

우선 투자 신탁을 적립식으로 운용하려면 비용을 확인해야 한다. 되도록 비용을 줄이고 자금을 남기기 위해서다. 투자 신탁은 10년 단위의 장기간으로 적립한다. 그렇기 때문에 단 **0.1%나 몇천 원 차이로도 몇백만 원의 차이가 날 수 있다.**

그래서 먼저 어떤 비용이 드는지 파악하고, 어디에 어떻게 투자해야 가장 큰 이득을 누릴 수 있을지 고민해야 한다.

투자 신탁에 들어가는 비용은 크게 다섯 가지가 있다.

① 구매 시 수수료

투자 신탁을 살 때 판매 회사에 내는 수수료다. 헬스장 입회비를 떠올리면 된다. 수수료가 무료인 노 로드 펀드(no-load fund) 같은 투자 신탁도 늘어나고 있으니 살펴보자.

② 신탁 보수(운용 관리 비용)

투자 신탁을 보유하는 동안 운용사, 판매사, 자산을 관리하는 은행에 내는 수수료다. 보통 투자 신탁 잔액에서 매일 자동으로 차감된다.

예를 들어, 투자 신탁 잔액이 1,000만 원이고, 신탁 보수가 0.2%라면 차감되는 금액은 약 60원이다. 즉, 매일 60원이 복리로 차감된다.

1,000만 원 × 0.2% × 1.1(소비세) = 22,000원

22,000원 ÷ 365일 = 약 60원

복리의 힘을 이해한 사람은 알 것이다. 처음에는 아주 작은 차이라도, 기간이 길어질수록 나중에 '비용'이라는 주먹에 세게 맞을 수 있다. 최근에는 신탁 보수가 0.1% 정도인 투자 신탁도 많아졌으니, 조금이라도 저렴한 투자 신탁을 선택하자.

③ 신탁 재산 유보금

투자 신탁을 매각할 때 발생하는 해지금이다. 투자 신탁 재산이 감

소해 다른 투자자에게 피해를 주지 않도록, 해지하는 사람이 부담하는 비용이다. 신탁 재산 유보금이 무료인 상품도 많이 있다.

④ 세금

일본에서는 투자 신탁의 매각 이익이나 배당금에 약 20%의 세금이 부과된다. 즉, 1,000만 원의 이익이 발생하면 200만 원 정도 세금을 내야 한다. 이에 대한 대책으로 일정액까지 비과세인 투자 상품이나 개인형 퇴직연금 등을 활용하는 방법이 있다.

⑤ 기타 수수료

계좌 관리 수수료가 무료인 증권사도 많지만, 연간 비용이 부과되는 증권사도 있다. 가입 수수료나 계좌 관리 수수료가 있는 경우에는 얼마인지 꼼꼼하게 살펴보기를 바란다.

투자 신탁을 선택하는 5단계

투자 신탁 상품을 선택할 때는 다음 5단계를 기억하자. 그러면 혼자서도 현명하게 투자 신탁을 선택할 수 있다.

① 자산 배분을 결정한다

자산 배분을 어떻게 해야 할지 감이 안 잡히는 사람도 많을 것이다. 그런 사람은 '투자 위험 감수도 진단'을 해보자. 증권사 사이트 등에서 무료로 할 수 있다. 몇 가지 질문에 대답하며 투자 위험 감수도를 측정하면, 그 진단을 바탕으로 추천하는 자산 배분도 제안해준다.

만약 결과를 보고 **배분을 바꾸고 싶다면 플러스마이너스 5%를 기준으로 하면 좋다.** 너무 크게 차이가 나면 자신의 투자 위험 감수 범위를 벗어날 가능성이 있다. 덧붙여 추천 상품을 제안하는 사이트도 있는데, 지금 단계에서는 구체적인 상품은 무시하고 다음 단계로 넘어가라.

② 투자할 인덱스 상품을 정한다

다음으로 어떤 인덱스 상품에 투자할지 정한다. 예를 들어, 일본 주식이라면 닛케이225, TOPIX 등이 있고, 선진국 주식(일본 제외)이라면 MSCI 코쿠사이, 전 세계 주식이라면 MSCI 올컨트리 등이 있다.

검색 기능이 있는 인터넷 증권사에서는 '인덱스'를 검색 조건으로 지정하면 된다.

③ 비용이 적게 드는 상품을 선택한다

판매 수수료가 무료거나, 신탁 보수가 저렴한 상품(기준은 0.1% 전후)을 선택하라. 그다음에 신탁 재산 유보금이 있는지 확인하라.

④ 순자산 잔액이 1천억 원 이상인 상품을 선택한다

순자산 잔액이 1천억 원 이상인 펀드로 좁혀서 선택하라. 순자산 잔액이 큰 투자 신탁은 안정적으로 운용되고 있다는 뜻이다. 반대로 순자산이 적으면 어떠한 이유로 자금을 모을 수 없고, 계속해서 운용되지 않을 가능성이 있다. 상황에 따라 운용을 중단하고 전액 지급하는 중도 상환을 하기도 한다.

검색 기능에 '순자산 1천억 원 이상'이라는 조건이 있다면 설정해서 검색하면 된다.

⑤ 자산 잔액이 증가 추세인지 확인한다

만약을 위해 자산 잔액이 증가 추세인지 확인하라. ④와 마찬가지로 꾸준하게 운용될지를 확인하기 위해서다.

운용 성적을
자주 확인하지 마라

지금까지 투자 신탁을 선택하는 방법을 알아봤다. 마지막으로 운용 성적과 마주하는 방법을 살펴보겠다.

앞서 말했듯이 자산 운용이 잘되면 욕심이 생기기 쉽다. 운용 성적이 궁금한 마음은 충분히 이해한다. 하지만 자주 확인하며 일희일비하다 보면 작은 시장 변동에도 당황해서 잘못된 판단을 할 수도 있다.

자산은 장기로 운용해야 한다. 따라서 **운용 성적은 1년에 한 번만 확인하면 충분하다.** 연말 혹은 3월, 자신의 생일 등 날을 정해서 보면 좋다.

운용 성적을 확인했을 때 원래 자산 배분에서 5% 이상 차이가 나면, 원래 자산 배분으로 되돌리는 '리밸런싱(Rebalancing)'을 하자. 리밸런싱은 6장에서 더 자세히 설명하겠다. 단, 꼭 기억해야 할 사항이 한 가지 있다. 기본적으로 결혼, 출산, 내 집 마련 등 인생에서 큰 사건이 발생하거나 나이의 앞자리가 바뀔 때를 제외하고, 한 번 설정한 자산 배분을 함부로 변경해서는 안 된다.

이러한 마음가짐으로 자산 운용을 해야 한다. 그러면 정보에 휘둘리지 않고 스스로 판단하여 이상적인 미래로 다가갈 수 있다. 부디 그 첫발을 내딛기를 바란다.

FINANCIAL THERAPY

투자의 기본 철칙은 '장기 적립, 분산 투자'다. 이 기본 철칙을 바탕으로 자신의 가치관과 상황, 이루고 싶은 미래에 적합한 자산 운용을 스스로 고민하고, 실행해나가자.

THE
BRAIN
SCIENCE
OF
MONEY

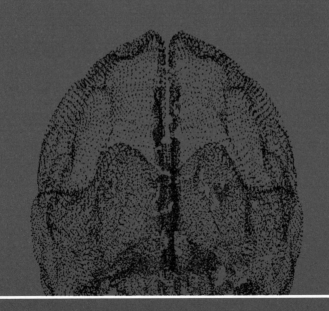

6장

원하는 만큼
돈을 모았다고
끝이 아니다

사람은 지성적 존재이므로
당연히 지성을 사용할 때 기쁨을 느낀다.
이런 의미에서 두뇌는 근육과 같은 성격을 갖는다.
두뇌를 사용할 때 우리는 기분이 매우 좋다.
이해한다는 것은 즐거운 일이다.

칼 세이건(Carl Sagan)

예상하지 못한 일은
언제든지 일어날 수 있다

앞에서 인생 계획을 세우고, 현재 기준으로 노후 자금을 얼마나 모을 수 있는지 가시화했다. 그리고 투자 위험 감수도는 어느 정도인지도 간단한 기준으로 가시화해봤다. 이렇게 눈으로 직접 확인해보니 어떤가? 아마 막연한 불안감이 사라지고 어떻게 행동해야 할지 구체적으로 그려져 마음이 놓였을 것이다.

이렇게 가시화하는 작업은 한 번만 해도 효과적이다. 하지만 언제든지 볼 수 있게 만들면 더욱 안심할 수 있다. 갑자기 무슨 일이 생겨도 쉽게 방향을 수정할 수 있기 때문이다. 그러니 자신의 가치관에 맞는 미래를 이루기 위해서라도 꾸준히 가시화하며 나아가야 한다.

이제 6장에서는 자산을 형성하면 어떤 미래를 만날 수 있는지 알아보고, 좋은 상태를 오래 유지하는 방법을 소개하겠다.

인생 계획표로
뇌를 깨워라

━━━━

인간은 대부분의 정보를 시각으로 얻는다. 실제로 뇌에서 시각 영역이 차지하는 비율이 가장 높다. 어떤 내용을 기억해야 할 때도 이미지를 만들어 외우면 떠올리기 쉽다. 그래서 돈을 모으기 위한 계획과 목표도 눈으로 볼 수 있게 만들었다. 바쁜 일상을 지내다 보면 구체적인 계획을 잊게 된다. 그때 인생 계획표라는 시각 정보로 뇌를 깨워라. 그리고 대략적인 돈의 흐름을 이미지로 뇌에 저장하자. 이렇게 계획을 직접 눈으로 보면 마음속 불안함도 사라질 것이다.

앞에서 인생 계획을 세웠지만, 사실 수입이나 지출, 자산, 부채는 그때그때 바뀐다. 그렇다고 인생 계획을 매번 처음부터 세우기는 어렵다. 이때 다음 방법을 활용하면 유용하다.

① 가계부 앱 이용하기

가계부를 지나치게 세분화해서 쓰면 금방 지치는 법! 대략적인 돈의 전체 흐름을 파악하는 것이 중요하다. 그래서 추천하는 방법이 '가계부 앱 이용하기'다.

수입과 지출뿐만 아니라 부채까지 관리할 수 있는 가계부 앱도 있다. 무료로 사용할 수 있는 가계부 앱이 많으니 찾아보자.

특히 전자화폐나 신용카드, 은행이나 증권사 등과 자동으로 연동할 수 있는 앱을 쓰면 하나하나 적어야 하는 번거로움을 덜 수 있다. 또 부부가 함께 사용하면 가족 자산을 한꺼번에 볼 수 있어서 더욱 편리하다.

가계부 앱을 선택할 때는 다음을 기준으로 고르면 좋다.

- 신용카드, 전자화폐, QR코드 결제, 은행, 증권사 등과 자동으로 연동된다.
- 평판이 좋고 보안이 튼튼하다.
- 주거래 은행과 자동으로 연동할 수 있다.
- 자산 관리를 하고 싶은 은행과 증권 계좌 등을 모두 연동할 수 있다.

② 생활 사건 업데이트하기

인생 계획은 연말연시에 한 번 검토하고, 다음과 같은 큰 생활 사건이 생기면 계획을 수정한다.

- 아이가 생겼다.
- 아이를 사립 학교에 보내고 싶다.
- 이직해서 월급이 달라졌다.
- 이사하고 싶다.
- 집 리모델링을 하고 싶다.
- 예정보다 빨리(또는 늦게) 퇴직하고 싶다.
- 결혼(또는 이혼)한다.

그리고 비교적 불확실한 사건은 예상하지 못한 일을 위한 대비 자금과 민간 보험으로 유연하게 대응해야 한다.

걱정이 많은 사람은 생길지 안 생길지 모르는 일까지 세세하게 계획을 세우고 싶어 한다. 그러나 인생은 상황에 따라 달라지는 법이다. 살면서 꼭 겪는 생활 사건을 기준으로 삼고, 그 외의 사건은 그때그때 유연하게 대응하며 나아가자.

보험을 들었으니 안심해도 될까?

많은 사람이 갑작스러운 사태에 대비할 때 보험을 떠올린다. 그런데 정말 보험만 있으면 대비할 수 있을까? 보험의 역할을 살펴보며 확인해보자.

일본인은 신중한 국민성 때문에 약 80%가 생명 보험에 가입했다. 보험은 가족의 사망이나 부상, 입원 등 갑작스러운 사건에 대비하려고 든다. 특히 자녀 등 부양가족이 많은 사람에게 든든한 존재다.

다만 보험에 지나치게 많이 가입하면 생활에 압박을 느낄 수 있다. 따라서 민간 보험은 공적 보험이나 저축을 보완하는 용도로, 필요한 만큼만 가입하면 좋다.

민간 보험으로 필요한 보장액을 구하는 계산식이 있다. 이 공식으로 계산해보면, 무배당 보험의 보험료를 줄일 수 있다. 이번 기회에 가입한 보험을 확인해서 과도한 보험은 정리하자.

남은 가족이 생활하는 데 필요한 금액 – (공적 보험 + 남은 가족의 수입이나 저금) = 민간 보험의 필요 보장액

요즘에는 국가별로 사회보장제도도 잘 마련되어 있다. 예를 들어, 원하지 않게 일자리를 잃었을 때는 실업 급여를 받을 수 있고, 질병이나 부상으로 일할 수 없을 때는 상병 수당을 받을 수 있다. 이처럼 갑작스러운 상황이 생겨도 최소한의 생활을 할 수 있도록 국가나 지방자치단체 등이 도와준다. 게다가 어린이 의료비를 지원하는 자치단체도 증가하고 있다.

현금 자산은
얼마나 있어야 좋을까?

현금을 얼마나 남겨두고 투자해야 좋은지 고민하는 사람이 적지 않다. 현금 자산은 예상하지 못한 일을 위한 대비 자금으로, 3개월~1년분의 생활비를 가지고 있으면 좋다. 다만, 자녀가 있거나 50세 이상이라면 6개월~1년분을 가지고 있기를 권장한다. 10년 안에 사용할 예

정인 자금도 현금으로 가지고 있으면 마음이 놓인다. 그 외에는 보험이 아닌, 적립식 비과세 투자나 개인형 퇴직연금으로 자산을 운용해 늘리면 좋다.

갑작스러운 사태에 대비하는 것은 중요하다. 그러나 사람은 누구나 행복해지기 위해 살고 있다. 일어날 확률이 낮고 통제할 수 없는 불행한 일을 지나치게 걱정하면서 휘둘리지 말자.

계속 걱정하면서 과도한 불안에 휩싸이면 뇌의 전전두엽이 제대로 기능하기 어려울 수 있다. 이런 상황이 심각해지면 불안장애를 겪을 수도 있으니 지나친 걱정과 불안은 접어두자.

상황에 따라 자산 배분을 바꿔라

투자 위험 감수도는 연령대나 생활 사건에 따라서도 바뀐다.

예를 들어, 미혼인 20대는 정년까지 충분한 시간이 남았고, 부양가족도 없는 경우가 많다. 그러므로 리스크를 감수하고 주식의 비율을 높일 수 있다. 약 40년이라는 긴 시간을 무기로 자산을 운용할 수 있기 때문이다.

반면 5인 가족의 가장인 50대는 부양가족이 많은 데다가 정년이 가까워서 큰 위험을 감수할 수 없다. 20대와 비교하면 자산 운용 기간이

짧으므로 채권처럼 안전 자산의 비율을 높여야 한다.

큰 생활 사건이 일어나거나 나이의 앞자리가 바뀌면 투자 위험 감수도를 다시 진단하자. 그러면 그때 가장 적합한 자산 배분을 알 수 있다. 다만 앞서 설명했듯이, 특별한 이유 없이 자산 배분 비율을 자주 바꾸는 일은 권하지 않는다.

FINANCIAL THERAPY

돈을 모으는 이유는 예상치 못한 사태에 대비하기 위해서다. 하지만 완벽하게 대비하기는 어렵다. 불확실한 일을 지나치게 두려워하지 말고, 할 수 있는 일을 제대로 하는 데 집중하자.

돈이 불어나는 상태를
유지하라

현재 자산 상태를 정확히 파악해서 인생 계획을 세우고, 적립식 투자를 할 수 있다면 이제 할 일은 거의 끝났다.

매달 자동 이체를 하면 돈이 쌓이고, 자동으로 연동되는 가계부 앱을 활용하면 데이터도 바로바로 업데이트된다. 큰 노력을 들이지 않아도 바뀐 자산 상황을 쉽게 알 수 있다. 게다가 10년, 20년이라는 긴 기간 동안 자산을 운용하면 자신도 모르는 사이에 돈이 늘어나기 쉽다.

더 해야 할 일이 있다면 '1년에 한 번 살짝 재검토하기' 정도다. 하지만 1년에 한 번 재검토하는 일 말고 아무것도 하지 않기는 의외로 쉽지 않다. 얼마나 이익이 생겼는지 혹은 손해를 보고 있지는 않은지 확인하고 싶은 마음이 들기 때문이다.

어리석은 판단보다
가만히 두는 게 좋다

흥미로운 사례를 소개하겠다.

2003~2013년, 세계적으로 유명한 투자 신탁 판매·운용사인 피델리티가 고객의 운용 성적을 조사했다. 어떤 사람이 가장 운용 성적이 좋았을까? 놀랍게도 '피델리티 계좌를 보유하고 있다는 사실을 잊고 있던 사람'이었다. SNS에서도 "어떤 투자 강의보다 도움이 되는 정보"라며 놀라워했다.

이 조사 결과가 무엇을 말하는지 알겠는가? **많은 사람이 잘못된 투자 판단을 내리므로, 차라리 투자했다는 사실은 잊은 채 가만히 두는 편이 좋다**는 뜻이다.

'어떻게 하면 돈을 벌 수 있을까?'가 아니라 '어떻게 하면 잘못된 투자 판단을 하지 않을 수 있을까?'에 무게를 두어야 한다. 항상 이 사실을 잊지 말자. 더불어 함께 기억해야 할 세 가지 사항이 있다. 어렵지 않으니 읽고 마음에 새겨두길 바란다.

① 과도한 자신감을 지니지 않는다

파이낸셜 테라피가 어떻게 탄생했는지 설명할 때도 말했지만, 전문 투자자나 트레이더도 시장의 변화에 일희일비하거나 잘못된 판단을 내릴 때가 있다.

그러니 아무리 열심히 투자 공부를 하고, 운용 성적이 좋다고 하더라도 '나는 우수한 투자자'라며 자신을 지나치게 믿지 말자. '자산을 더 늘릴 수 있지 않을까?'라는 생각이 든다면 다시 돈을 대하는 올바른 가치관을 생각해보기 바란다.

② 시장 예측을 하지 않는다

금융과 경제에 관심이 생겨서 공부하는 것은 도움이 된다. 다만 시장을 예측하려고 공부하면 안 된다. 사실 많은 사람이 이 이유로 공부하는데, 지금이라도 그 마음은 접기를 바란다. 이왕 공부하려고 마음을 먹었다면, 자신이 투자하고 있는 상품을 더 깊이 있게 공부하는 편이 좋다.

금리, 주식, 외환 구조나 중앙은행의 역할 등을 공부하다 보면, 자연스럽게 경제 뉴스를 읽을 수 있다. 그리고 투자는 담담하게 '매달 정액 적립' 방식만으로도 충분하다.

③ 일확천금을 노리지 않는다

여기까지 읽었다면 이제는 알 것이다. 일확천금이 가능하다고 말하는 상품은 투자가 아니라 투기다. 일확천금을 노릴 여유가 있다면 행복을 느끼는 데 시간을 더 쓰자. 자기계발, 가족과 여유로운 시간 보내기, 취미 생활에 몰두하기처럼 행복을 느낄 방법은 많다.

'애쓰지 않아도 어느새 돈이 늘어나고 있는 상태'가 진정으로 풍요로운 상태다. 그때가 되면 한 가지 사실을 깨달을 것이다.

'돈은 필요할 때 옆에 있어 준다.'

파이낸셜 테라피를 통해 돈을 대하는 가치관을 깨닫고 그것을 바탕으로 인생 계획까지 세워라. 그러면 도박을 하지 않고도 꾸준히 자산 운용을 해서 진정한 풍요로움에 도달할 수 있을 것이다. 또한, **돈 공부에 뇌과학을 더한다면 합리적으로 판단하고 차분한 마음을 유지하는 데 도움이 된다는 점을 기억하자.**

1년에 1번, 3가지를 확인하라

1년에 한 번 재검토할 때 확인해야 할 사항은 세 가지다.

- 자산 운용 성적과 인생 계획을 확인하라.
- 자산 배분이 5% 이상 바뀌었거나 생활 사건이 생기면 리밸런싱을 하라.
- 연령대가 올라가면 투자 위험 감수도를 다시 진단해서 자산 배분을 재검토하라.

'리밸런싱'은 자산의 배분 비중을 원래 투자 목표에 맞게 다시 조정하는 일을 말한다. 즉, 시장 상황에 따라 상품의 가격이 오르거나 떨어지면서 무너진 처음의 자산 배분 비율을 원래 상태로 되돌리는 일이다. 전문 자산 운용사도 리밸런싱을 한다.

 리밸런싱을 하는 이유는 무엇일까? 이유는 간단하다. 자산 배분의 비율이 바뀌면 리스크가 너무 커지거나, 기대한 만큼 자산을 운용할 수 없기 때문이다.

 처음 결정한 자산 배분에서 수익률이 5% 이상 차이가 나는 상품이 하나라도 있으면 자산 배분 전체를 조정한다. 10~20만 원 정도의 차이라 하더라도, 비율이 5%가 넘으면 매년 자산 배분의 비율을 조정하기를 추천한다. **1년 단위로는 차이가 거의 없어 보여도 오랜 기간 리밸런싱을 하지 않으면 큰 차이가 나서 자산 운용에 문제가 생기기 때문**이다.

 리밸런싱하는 방법에는 크게 두 가지가 있다.

 먼저, 늘어난 자산을 매각하고 줄어든 자산을 매입해 충당하는 방법이다. 5% 이상 늘어난 상품을 팔고, 반대로 비율이 줄어든 상품을 더 사들인다. 이 방법은 비과세 투자나 개인형 퇴직연금 등을 이용할 때 적합하다. 이유는 간단하다. 매각 이익이 비과세고, 매입 수수료가 무료이기 때문이다.

 두 번째는 자산 배분 비율이 가장 높은 상품의 금액에 맞춰 다른 상품을 더 매입하는 방법이다. 이 방법은 매각할 때 해약 수수료(신탁 재산 유보금)가 부과되는 상품에 더 적합하다.

상황에 따라 더 적합한 방법은 다르지만, 1년에 한 번 재검토한다면 큰 위험을 피할 수 있다. 기본적인 부분을 제대로 지키면서 나아가는 것이야말로 꿈꾸는 미래를 실현하는 진정한 지름길이다.

FINANCIAL THERAPY

돈을 늘리고 싶다는 마음에 사로잡히지 마라. 그 마음에 얽매이면 돈에 집착하게 되어, 오히려 잘못된 판단을 내릴 수 있다. 1년에 한 번씩 재검토해서 기본으로 되돌아가자.

마음을 풍요롭게 만드는
4가지 습관을 길러라

돈에 관한 부정적 생각을 없애는 데에서 시작한 긴 여정을 마무리할 때다. 이제 돈을 모으려면 왜 뇌과학과 심리학을 알아야 하는지 확실히 깨달았을 것이다. 마지막으로 이 책에서 배운 내용을 바탕으로 좋은 상태를 유지하게 해주는 습관을 소개하겠다.

좋은 습관을 만들기는 굉장히 어렵다고 생각할 수도 있다. 하지만 그렇지 않다. 돈을 모으는 올바른 습관은 다이어트와 같다. 살을 빼려고 무리하게 음식을 안 먹거나 지나치게 운동하면 안 되듯이, 돈을 모으려고 소비를 과하게 제한하면 안 된다. 그러나 많은 사람이 소비를 줄이려고만 할 뿐, 건강하게 돈을 모으는 습관을 들이려고 하지 않는다.

돈을 모으는 건강한 습관은 올바른 지식을 바탕으로 돈을 쓰고, 수입과 지출을 관리하는 습관을 말한다.

좋은 습관이 쌓이면
돈도 쌓인다

수강생들에게 특히 반응이 좋았던 '마음을 풍요롭게 만드는 네 가지 습관'을 소개하겠다.

① 절약 규칙을 정한다

무조건 참지 말고 절약 규칙을 정해라.

우선 큰 금액이 꾸준히 나가는 항목 중에 무엇을 줄일 수 있는지 살펴보자. 이렇게 말하면 주거비나 보험비를 줄이려는 사람이 많다. 하지만 현실적으로 바로 이사하기도 힘들고, 필요한 보험료를 줄일 수도 없다.

비교적 조정하기 쉬운 항목은 스마트폰이나 통신비, 정기 구독 서비스 등이다. 최근에는 저렴한 SIM이 많이 나와서 비용을 줄이기가 더욱 쉬워졌다.

스마트폰이 보급되면서 다양한 앱에서 구독 서비스를 도입하고 있다. 하지만 구독 서비스는 주의해야 한다. 구독 이용료는 매달 자동으로 결제되기 때문에 깜박하고 해지하는 것을 잊어버리기 쉽다.

'티끌 모아 태산'이라는 말이 있다. 하나하나는 적은 금액이지만 연간 구독료를 계산해보면 생각보다 많은 돈이 나간다. 이런 항목을 다시 검토해서 불필요한 지출을 정리해야 한다.

또한 갖고 싶은 물건이 생기면 바로 사버리는 사람은 정신을 차렸을 때 돈이 없을 수도 있다. 이런 사람은 물건을 사기 전에 정말로 필요한지 확인하는 절약 규칙을 세워라. 그러면 불필요한 지출을 막을 수 있다.

다른 사람의 절약 규칙을 따를 필요는 없다. 자신이 가진 돈과 가치관을 바탕으로 자신만의 절약 규칙을 만들자.

② 돈의 전체적인 흐름을 꾸준하게 파악한다

여러 번 말하지만, 돈 관리는 세부적으로 파악하기보다 전체적인 흐름을 아는 것이 훨씬 더 중요하다. 그리고 완벽하게 파악하려고 하기보다는 꾸준하게 파악해야 한다.

앞서 소개한 가계부 앱이나 신용카드, 전자화폐 등을 사용하면, 크게 노력하지 않아도 대략적인 돈의 전체 흐름을 파악할 수 있다. 정기적으로 확인해서 필요에 따라 방향을 수정한다면, 어려움 없이 차근차근 꿈꾸는 미래에 가까워질 것이다.

③ 자산 운용의 규칙을 지킨다

이 습관은 여러 번 말한 내용이라 이제 확실히 이해했을 것이다. 월급이 들어오면 자동 이체를 해서 저축하는 습관을 들여라. 저축의 기준은 월수입의 10~20%다.

그다음에 '장기 적립, 분산 투자'라는 투자 철칙을 지켜야 한다.

돈의 전체적인 흐름을 파악하고 있으면, 자산 운용을 잘하고 있다는 자신감이 생길 것이다. 불안해질 때는 인생 계획과 투자 철칙을 되돌아보라. 그리고 새롭게 세운 돈에 대한 긍정적인 가치관을 떠올려라. 그러면 불안함이 사라질 것이다.

④ 돈에 얽힌 감정을 살핀다

이런 습관을 실천하는 데 돈에 얽힌 감정이 큰 영향을 미친다. 그래서 돈과 관련된 부정적인 말버릇을 없애고 집착을 내려놓았다. 만약 돈에 대한 부정적인 마음이 든다면 그 과정을 다시 해보기를 바란다.

가치관은 그렇게 쉽게 바뀌지 않는다. 특히 돈은 매일매일 사용하므로 사소한 말버릇조차 조심해야 한다. 돈에 대한 부정적인 감정이 생기지는 않았는지 평소에 스스로 잘 관찰하자.

돈은
도구일 뿐이다

돈의 본질이 무엇인지 생각해본 적 있는가? 각자가 중요하게 생각하는 가치관이 다르듯, 돈에 대한 정의도 사람마다 다르다.

그렇다면 돈은 일반적으로 어떤 역할과 기능을 하고 돈의 본질은 무엇일까?

원래 돈은 물건이나 서비스를 교환하기 위한 수단이자 도구였다. 그러나 시대가 흐르면서 돈은 부를 상징하게 되었다. '도구가 많아야 가치 있는 것을 많이 가진 사람이다'라고 해석하게 된 셈이다.

돈은 삶과 떼려야 뗄 수 없는 도구다. 그래서 무의식적으로 신념이 형성되어 현대에서는 돈이 얼마나 있는지에 따라 자기의 가치를 정하는 등, 돈이 곧 자기 이미지라고 생각하기도 한다.

이처럼 돈 자체를 자신의 가치와 연결한다면 삶은 점점 고단해질 것이다. **돈은 단순한 도구일 뿐이다.** 돈에 여러 가지 의미를 부여하는 것은 자기 자신이다.

파이낸셜 테라피를 통해 돈의 본질로 되돌아가자. 그리고 자신의 삶을 풍요롭게 만드는 도구로서, 돈을 건강하고 능숙하게 마주할 수 있는 사람이 많아지기를 진심으로 바란다.

FINANCIAL THERAPY

> 돈에 관한 올바른 지식을 쌓고, 돈을 대하는 자신만의 가치관을 가져야 좋은 습관을 기를 수 있다.

네 믿음은 네 생각이 된다. 네 생각은 네 말이 된다.
네 말은 네 행동이 된다. 네 행동은 네 습관이 된다.
네 습관은 네 가치가 된다. 네 가치는 네 운명이 된다.

마하트마 간디(Mahatma Gandhi)

에필로그

실천하라. 무엇을 상상하든 그 이상의 미래가 기다리고 있다

이 책을 끝까지 읽은 모든 사람에게 고마운 마음을 전한다.

'자산 운용을 시작하는 방법'이나 '부자들의 마음가짐'처럼 개념을 다루는 경제 도서는 정말 많다. 어쩌면 그 가운데 뇌과학을 자산 운용에 활용한 이 책이 참신하게 느껴졌을지도 모른다.

.

이제 책을 끝까지 읽었으니 실천하는 일만 남았다. 배운 대로 실천해라. 그러면 돈을 대하는 가치관을 깨닫고 주위에 휘둘리지 않으며 자신만의 인생 계획을 세울 수 있다. 그러고 나면 돈 때문에 불안해하는 일도 줄어들 것이다. 나아가 이 책에서 소개한 습관을 꾸준히 지킨다면 진정한 풍요로움을 실감할 수 있을 것이다. 마치 복리의 힘처럼 말이다.

덧붙여 자녀를 둔 부모에게 하고 싶은 말이 있다. 반드시 당신이 실천하는 모습을 자녀에게 보여주기를 바란다.

아이와 부모는 서로의 거울이다. 부모가 올바른 시각으로 돈을 바라보고 좋은 습관을 꾸준히 실천한다면, '돈은 필요할 때 곁에 있는다'라고 자녀도 생각할 것이다.

이런 과정은 자연스레 세대를 뛰어넘는 경제 교육이 될 수 있다. 어쩌면 경제적 차이에서도 아이들을 지켜줄지 모른다.

마지막으로, 출판하는 데 도움을 준 분들에게 인사를 하고 싶다.

이 책이 탄생하게 도와준 사사키 이쿠노와 PR학원 관계자들, NLP 금융클리닉의 일부 인용을 허락해준 팀 할봄과 크리스 할봄, 그들과 이어준 NLP-JAPAN 러닝센터 관계자들, 편집자 가토 미사코. 모두에게 감사하다. 이 책을 무사히 출간하여 고마운 마음뿐이다.

이 책이 많은 사람의 '돈에 대한 불안감'을 잠재우리라 생각한다. 돈과 뇌과학의 관계를 잘 모르거나, 파이낸셜 테라피를 아직 접하지 못한 사람들에게도 이 책이 닿을 수 있기를 진심으로 바란다.

이제 꾸준히 실천하라. 그 끝에는 당신이 상상하는 것 이상의 미래가 기다리고 있다. 파이낸셜 테라피를 통해 모든 사람이 돈과 건강하게 마주하여 경제적, 정서적 풍요로움을 누릴 수 있기를 바란다.

옮긴이 오정화

서강대학교에서 경제학과 일본문화학을 전공했다. 졸업 후 외식기업 기획자로 근무하다가 일본어의 즐거움을 포기할 수 없어 번역가 및 출판 기획의 길에 들어섰다. 많은 사람에게 읽는 재미와 행복을 줄 수 있는 책을 우리말로 옮기고 소개하는 것이 꿈이자 목표다. 현재 출판번역에이전시 글로하나에서 다양한 분야의 일서를 번역, 검토하며 활발히 활동하고 있다. 역서로《미국주식 투자 입문서》《맛있는 세계사》《유리 멘탈이지만 절대 깨지지 않아》《억만장자의 엄청난 습관》《게으른 뇌에 행동 스위치를 켜라》《세상에서 가장 쓸모 있는 철학 강의》《사자 츠나구》등이 있다.

돈의 뇌과학

1판 1쇄 인쇄 2024년 8월 14일
1판 1쇄 발행 2024년 8월 21일

지은이 우에하라 치카코
발행인 김태웅
기획편집 이미순, 박지혜, 이슬기
마케팅 총괄 김철영   **마케팅** 서재욱, 오승수
표지 디자인 김윤남   **본문 디자인** 호우인
온라인 마케팅 하유진   **인터넷 관리** 김상규
제작 현대순   **총무** 윤선미, 안서현, 지이슬
관리 김훈희, 이국희, 김승훈, 최국호

발행처 ㈜동양북스
등록 제2014-000055호
주소 서울시 마포구 동교로22길 14(04030)
구입 문의 (02)337-1737 **팩스** (02)334-6624
내용 문의 (02)337-1763 **이메일** dymg98@naver.com

ISBN 979-11-7210-056-8 03320